日本人と動物の歴史

◆著◆ 小宮輝之

③鳥

ゆまに書房

もくじ

はじめに　4

ニワトリ　6

人類に一番貢献している鳥は、ニワトリ

17品種が天然記念物になっている日本鶏

キジ・ヤマドリ　11

桃太郎の時代と現代のキジは別物

遺伝子汚染が心配されるヤマドリ

ウズラ・コジュケイ　14

ウズラは武士の飼い鳥だった

「水戸黄門」に登場するコジュケイの鳴き声

スズメ　17

スズメは有史以前の帰化動物

スズメを駆除した結果……

カラス　20

カラスは不吉な鳥か、神聖な鳥か?

ガン・ガチョウ　23

東京からガンがいなくなった理由

ガンはこうしてガチョウになった

アヒル・マガモ　26

鎌倉時代にやってきた日本のアヒル

オシドリ・カモ　28

オシドリは東アジアの特産種

「不忍池バードサンクチュアリー計画」とは

ツル　31

日本は世界的な「ツル王国」

コウノトリ　34

日本のコウノトリが絶滅した理由

トキ　36

日本でトキがあたりまえに見られる日は
くるのか?

ウ　39

カワウとウミウの簡単な見分け方

弥生時代の「鵜を抱く女」とは

ワシ・タカ　42

縄文時代から猛禽類とのつき合いがあった
日本人

トラツグミ（ヌエ） 45

警察沙汰になったトラツグミの鳴き声

ウグイス・ホトトギス 47

ウグイスは日本三鳴鳥のひとつ

ウグイスにひなを育てさせるホトトギス

ヤマガラ 50

ヤマガラは日本周辺にしかいない鳥

消えてしまった「ヤマガラのおみくじ」

ツバメ・アマツバメ 53

日本人はいつもツバメを大事にしてきた

ジュウシマツ・ブンチョウ・カナリア 56

野生のジュウシマツは存在しない

白文鳥は突然変異で生まれた

オウム・インコ・キュウカンチョウ 59

『日本書紀』の時代から親しまれてきた
物まね鳥

ハト 62

ハトは古代バビロニアで家禽化された

ハトはペットか、食用か？

クジャク 65

インドクジャクとマクジャクの違いは？

シチメンチョウ・ホロホロチョウ 68

シチメンチョウは、七つの顔色をもつ

ホロホロチョウは、江戸時代にやってきた

ダチョウ・ヒクイドリ・エミュー 71

江戸時代にはヒクイドリと勘違いされていた
ダチョウ

エミューは、ダチョウに次ぐ大鳥

はじめに

　私は1972（昭和47）年に多摩動物公園に飼育係として就職し、上野動物園と井の頭自然文化園で飼育係長、多摩動物公園と上野動物園で飼育課長を務め、2004（平成16）年から2011（平成23）年の7年間は上野動物園の園長でした。ちょうど40年間を動物園で過ごし、多くの動物とつき合ってきました。私が直接に飼育係として動物を飼育したのは、多摩動物公園での最初の14年間で、日本の動物と家畜が担当でした。飼育の現場を離れてからも日本産動物と家畜に関わる機会が多くありました。このシリーズでは動物の人との関わりをたどり、とくに日本人と動物の歴史について、私の動物との交流経験にも触れながら、伝えたいと思います。

　第1巻では、人との関わりが強い家畜について取り上げました。長きにわたり人の生活を支えてきた家畜について、起源や日本への渡来など、歴史をたどります。家畜は身近な存在なので、ふつうの動物と思われがちです。しかし、5000種近い哺乳類の中で、家畜といわれる動物は10〜20種しかいません。人類の長い歴史の中で、多くの野生動物を家畜にしようと捕まえたり、飼ったりしたはずなのに、家畜になったのは1パーセントにも満たない動物たちなのです。人類のパートナーとなり、食料や衣料を提供してくれる家畜たちは、実はふつうの動物ではなく、例外的で特別な動物だと思います。私自身が実際に経験したことも交えて、家畜になった動物について触れたいと思います。

　縄文時代からの日本人のパートナーであった日本犬、古墳時代から約1500年にわたり日本人の生活を支えてきたウマやウシなどの日本在来の家畜たちは、経済性優先の世の中では活躍できず、姿を消しつつあります。日本人と日本の家畜について、今も細々と残っている日本在来の家畜の現状も紹介します。

　第2巻では、日本人と野生動物のつき合いの歴史をたどります。

縄文時代の人々は身近な動植物を利用して、1万年以上の長い期間にわたり生活を持続してきました。野生動物の肉は食料であり、毛や皮は衣料にし、骨や角で道具をつくりました。野生動物は神からの授かりものとしてまつり、感謝の気持ちで利用してきたのです。弥生時代以降も野生動物をはじめとする自然の恵みに対する感謝の気持ちを持ち続け、日本各地でいろいろな行事がおこなわれてきました。

　昔から未知なる不思議な動物として日本人を熱狂させた外国産の代表的な動物についても触れました。ゾウ、ライオン、キリンの3種は「動物園の三種の神器」として、動物園になくてはならないスター動物でした。1882（明治15）年に上野動物園が開園してから25年後の1907（明治40）年に、上野動物園ではこの三種の神器がそろったのです。その後、各地に動物園ができ、多くの動物園でこの3種が飼われ動物園を支えてきました。1972年に上野動物園はジャイアントパンダを迎え、一躍人気者になりました。国民を熱狂させた野生動物としてトラを含めて紹介します。

　第3巻では、鳥と日本人の歴史をたどります。ニワトリやアヒルなどの家畜化された鳥を家禽とよびます。家禽も第1巻で、家畜として扱うこともできますが、人との関わりの深い鳥の代表を第3巻にまとめて紹介します。日本の歴史の中で昔から登場する鳥類もたくさん知られています。人の生活が豊かになり余裕ができると、人は動物を飼ったり、植物を栽培したりして楽しむようになります。江戸時代に和鳥とよんだ日本の野生の小鳥や外国から輸入された鳥を飼育する「飼い鳥文化」が花開いたのも、平和な時代だったからではないでしょうか。外国からもたらされた珍しい鳥、美しい鳥、巨大な鳥など、日本人を楽しませ、おどろかせてきた鳥についても紹介します。

ニワトリ

人類に一番貢献している鳥は、ニワトリ

　鳥は現在、世界中に約1万種が知られています。そのなかで、ニワトリほど人類の生活に貢献している鳥はいないでしょう。分類学上はキジのなかまで、キジ目キジ科ヤケイ属に属し、野生原種であるヤケイ（野鶏）から家禽（鳥類の家畜）化され世界中で広く飼われています。ヤケイは現在も熱帯アジアに生息し、4種が知られています。このうち分布の広いセキショクヤケイがニワトリの原種とする単元説と、他のハイイロヤケイ、セイロンヤケイ、アオエリヤケイの血もはいっているとする多元説があります。この2つの説は、ダーウィンの時代から議論されています。ニワトリにセキショクヤケイの血が流れていることは確かで、なかには他のヤケイも交配して成立したものがいるかもしれないのです。近い将来、DNAの研究などで結論が出ることでしょう。

　ニワトリの最古の記録は、中国河北省の磁山遺跡と河南省の裴李崗遺跡から出土した紀元前6000年ごろの骨です。家禽化されたのはセキショクヤケイの生息するタイ周辺の東南アジアで、間もなく中国にはいりました。雄鶏は夜明け前の

ニワトリの祖先種、セキショクヤケイ

『群鶏図』伊藤若冲

決まった時刻に、高らかに鳴き声をあげます。古代の人が雄鶏の闘争性に注目し、物事を決める、占いにも通じるような神事として闘鶏もはじめられたと思われます。ニワトリは当初、"とき"を告げ、戦わせて物事を決めるためなどに飼われたと考えられています。

ニワトリは西ルートで、インド、ペルシャを経て紀元前7世紀ころに古代ギリシャに到達しました。ヨーロッパにきて、ようやく本格的に経済動物としての歩みをはじめたのです。日本へは東ルートで中国から朝鮮半島を経てはいってきました。最も古いニワトリの骨は、長崎県壱岐のカラカミ遺跡と原の辻遺跡で発見された約2000年前のものです。農業を営みながらニワトリを飼うようになったのは弥生時代以降と考えられ、登呂遺跡など各地の遺跡から鶏骨が出土し、4世紀の古墳からはニワトリの埴輪も出てきます。暗い夜から"とき"を告げ、夜明けを知らせるニワトリは、太陽の運行に合わせて生活をおくる昔の人にとっては時計代わりの便利なものでした。天岩戸に引きこもった天照大神は、八百万の神が集めて鳴かせた常世長鳴鳥の"とき"を聞き、岩戸から出てこられたと『古事記』の伝説にあります。天智天皇は雄鶏の鳴き声を合図に太鼓を打たせ、政務を開始したとされ、ニワトリは時計としての役割を担っていたのです。

675（天武天皇4）年の殺生肉食禁止令以後は、雄鶏は時刻を知らせ、闘鶏など娯楽や占いに使われました。しかし、肉や卵も無駄にしていたとは思われず、利用

されていたと考えられます。江戸時代には、今に残るような日本鶏が各地で成立しはじめました。江戸時代の絵師、伊藤若冲は生きものの世界を描いた作品を数多く残しましたが、若冲が熱心に観察し描いた代表的な生きものは、自宅の庭で飼われたニワトリでした。『群鶏図』など、若冲の作品は芸術作品であると同時に、江戸時代のニワトリについて知ることのできる貴重な資料です。

17品種が天然記念物になっている日本鶏

日本鶏は、日本人の感性が長い歴史のなかでつくり出したニワトリで、二十数品種が残されています。そのなかで形態的に世界に誇れる美しいニワトリ、鳴き声を楽しむニワトリなど17品種が天然記念物に指定されています。平安時代に遣唐使によりもたらされた小国は長鳴性もあり、正確に"とき"を告げることから正告や正刻からきた名前といわれています。天照大神を岩屋から誘い出した常世長鳴鳥に通ずる日本鶏も天然記念物です。東天紅は高知県西北部の山間部、唐丸は新潟県の山岳地帯、声良は秋田県、岩手県にまたがる山間地帯の産です。三長鳴鶏とよばれ、いずれも深い山あいの土地で、"とき"を山にこだまし谷に響かせながら、はぐくまれたものと考えられています。東天紅は江戸時代の安政年間（1855～1860年）には土佐の長鳴鶏として飼われていましたが、明治時代になって、夜明けの東の空が光で紅に染まるころ"とき"を告げるニワトリとして、東天紅という立派な名がつけられたのです。

[上] 遣唐使によりもたらされた小国
[下] 代表的な長鳴鶏である東天紅のペア

日本が世界に誇る特別天然記念物の尾長鶏

最も長く"とき"を告げ、15〜20秒鳴き続け、25秒という記録もあります。

尾長鶏は鳥類としても最も長い尾羽をもつことで知られ、ギネスブックにものっています。尾羽が換羽しないニワトリを選抜してできたと考えられています。土佐藩主山内公の大名行列の先頭を行く槍の鞘飾りに尾羽が使われていました。土佐藩では長い尾羽を納めた農民にはほうびを与え、飼育を奨励していました。尾長鶏は藩の秘密とされ、存在が知れたのは江戸後期のことです。尾羽は天保年間の1830年代に3メートル、明治中期に4メートル、昭和初期8メートルとなり、戦後10メートルを超し13.5メートルに達しています。

シャモは徳川時代にシャム（現在のタイ）とその周辺地域から朱印船や外国船によりもたらされたニワトリがもとになり成立し、シャモとよばれるようになりました。しかし、12〜13世紀に描かれた『鳥獣人物戯画』にはシャモのようなニワトリが描かれており、平安時代には日本に渡来し、闘鶏もおこなわれていたことを示唆しています。闘鶏用ですが、肉の味もよく、江戸時代からシャモ鍋は有名です。シャモと地鶏の雑種を「しゃも落とし」とよび、昔から肉用に飼われています。現在も肉の味を保ち、闘争性を弱めて群れ飼いできるシャモとして、他品種の交雑種づくりが各地でおこなわれているのです。

チャボの原産地はベトナム中部のチャンパとされ、名前の由来になっています。日本へは江戸時代初期に明を経由してはいったと考えられています。1839（天保10）年に毛利梅園が著した鳥類図鑑『梅園禽譜』には江戸時代に飼われていたチャボが記載されています。寛政年間の『長崎聞見録』には、現代のチャボに通ずるようないろいろな姿のチャボができて

いて、日本鶏ナガサキの名で、オランダ船で輸出されていたと書かれています。ニワトリの名前には、よく輸出されたときの積出港の名をつける習慣がありました。有名な卵用鶏の白色レグホーンはイタリアのリボルノ港から輸出され、英語読みでレグホーンとなったのです。ちなみに尾長鶏は欧米ではヨコハマとよばれています。ドイツの動物園で桂チャボが飼われていましたが、ネームプレートにはChaboと書かれ、現代ではナガサキよりもチャボの名で欧米にもファンクラブがあるのです。

　現代の養鶏は大規模な工業的養鶏になり、ウインドレス鶏舎など目に触れない生産方法が中心のうえ、鳥インフルエンザ対策などで人を遠ざけて管理されています。日本人がいつも卵や肉を食べているニワトリを、実際に見ることはなかなか難しい時代になったのです。私が園長を務めていたころ、上野動物園の「子ども動物園」では、日本人に身近な存在であった各種の日本鶏を放し飼いにして、昔からの「庭鳥」としてみなさんに親しんでもらっていました。

毛利梅園の『梅園禽譜』に描かれているチャボ

『軍鶏』葛飾北斎

キジ・ヤマドリ

桃太郎の時代と現代のキジは別物

「焼け野の雉子(きぎす)」ということわざは、巣が野火に包まれても、卵を守ったとされるキジの母性愛の強さをたとえた言葉です。キジのオスは抱卵(ほうらん)や子育てはせず、メスだけで卵を温め、ひなを育てます。オスは派手な羽色で顔にも目立つ赤い裸出(しゅつ)部があるのに対し、メスが地味な茶色系の羽色なのは、巣を守るための保護色なのです。「雉も鳴かずば撃たれまい」ということわざは「口は禍(わざわい)のもと」と同じ意味に使われます。私の住んでいる東京の八王子でも浅川(あさかわ)や多摩川の河川敷、周辺の田畑でもよく見かけますが、姿より先にオスの「ケッケーン」と響く声で、気づくこともしばしばです。キジは地震の前に鳴くので、昔からナマズとともに地震を予知する動物の代表のように信じられてきました。地震の前後に鳴くのは確かで、身近な鳥であるキジの目立つ鳴き声からそう信じられたのでしょう。

1947（昭和22）年3月に開かれた日本鳥学会で、野鳥愛護のために、後に愛鳥週間に発展するバードデイを定め、あわせて国鳥を選定することになりました。国鳥の選定で、野鳥の愛護を通して自然保護の大切さを普及しようというわけで、圧倒的多数でキジが選ばれたのです。キジは昔から童話や文学にも取り上げられ、堂々と畔(あぜ)などを歩くオスの姿は勇気の象徴であり、メスも母性愛のお手本のようなことわざになっている鳥です。日本では縄文時代の遺跡からシカやイノシシに混じってキジの骨も出土しています。日本の代表的な狩猟鳥であり続け、昔話にも登場し、多くの国民がなれ親しんでいる鳥として国鳥に選ばれたのです。

ところが、現代の日本で私たちが見ているキジは、国鳥になった70年前よりも前のキジ、桃太郎の時代のキジと少し異なるのです。キジはかつて日本各地にいくつかのタイプがいました。北のキジの

地味な羽色のキジのメス

キジ・ヤマドリ　11

ほうが大きく、南のキジは少し小型で色が濃かったのです。狩猟をする人たちは狩猟税を払っていますから、その税金で国はキジを養殖してどんどん放しました。その結果、各地のキジが混じってしまい、本当に昔からいた東北地方のキタキジとか九州のキュウシュウキジといった、地域の特徴をもったキジがいなくなってしまったのです。佐渡島はキジを放さなかった時代が長く、純粋のキタキジがいて多摩動物公園でもらい受け殖やしていました。その後、佐渡でもキジの放鳥があり純粋性が疑われ出し、多摩動物公園から佐渡博物館に生きた佐渡産のキタキジを里帰りさせたこともあるのです。『北斎写真画譜』の雉子は、関東地方にいた純粋のキジがモデルだったことでしょう。

狩猟鳥を増やすために、大陸産の首輪状の模様がある大きなコウライキジが全国に放された時代もあります。コウライキジはキジのいなかった北海道では定着しましたが、湿気の多さなど大陸とは異なる気候が合わなかったのか、本州以南では消えていきました。しかし、日本のキジの遺伝子のなかにコウライキジの遺伝子も混じってしまい、ときどき首に白い羽のあるキジが見つかったりするのです。コウライキジは江戸時代にすでに輸入されていたようで、『梅園禽譜』にも描かれています。

[上] キタキジのオス
[下] 『梅園禽譜』に描かれたコウライキジ

遺伝子汚染が心配されるヤマドリ

国鳥選定のときに、タンチョウやヤマドリも候補になりました。タンチョウは優雅で、学名 *Grus japonensis*（グルス・ヤポネンシス）の意味もまさしく「日本のツ

ル」なのですが、当時絶滅寸前で誰もが目にすることのできる鳥ではありませんでした。ヤマドリは日本固有種ですが、山地の森林に生息し、キジに比べ暗い林で生活し、身近に目にする鳥ではなかったのです。ヤマドリはキジのように派手には鳴かず、繁殖期のオスは「ドドドドド」と羽を打ち鳴らし、なわばりを主張します。

今、ヤマドリにもキジと同じようなことが起こりつつあり、遺伝子構成が、交雑することで変化してしまう遺伝子汚染が心配されています。ヤマドリは本州以南に5つのタイプが生息していて亜種とされていました。ヤマドリもキジも地上性の鳥で、長距離を飛翔しないため、高い山や海に隔てられ、地域ごとの羽色に進化してきたのです。鹿児島や宮崎南部のコシジロヤマドリは腰の羽が白く、隣の熊本のアカヤマドリは白い羽はなく全

『梅園禽譜』に描かれたヤマドリのペア

身が鮮やかな赤銅色です。本州と四国のヤマドリは羽に白い斑があるので、赤みが少なく感じられます。東京郊外にある井の頭自然文化園では、各地のヤマドリを比較できるように並べて飼い、地域の特徴が一目でわかるように展示し、後世に残すことの大切さをアピールしているのです。

ヤマドリはキジに比べて人工繁殖が難しかったのですが、関東から東北にいるキタヤマドリが人工授精などの技術でよく殖えるようになり、キジと同じように狩猟目的にあちこちに放されるようになりました。その結果、鹿児島でもあまり腰の白くないコシジロヤマドリが獲れたりするようになりました。何千年、何万年かけてつくられてきた地域ごとの特徴が失われることがないように、人の動物への関わり方は慎重でありたいものです。

[上] 鹿児島県に生息するコシジロヤマドリ
[下] 熊本県に生息するアカヤマドリ

ウズラ・コジュケイ

ウズラは武士の飼い鳥だった

　日本では昔から文人はウグイスの鳴き声を楽しみ、武人はウズラを好み、陣中で声を聴き、士気を高めたといわれています。ウズラは鎌倉から室町、戦国時代には武士の飼い鳥であり、江戸時代になって庶民の間でも「鳴きウズラ」がはやりました。繁殖期になるとオスのウズラは「グワックルルル」と声を張り上げて鳴きます。平安時代に貴族の娯楽としてはじまった小鳥のさえずりを競う「小鳥合」が、江戸時代には庶民にも広がり、ウズラの鳴き声を競う「鶉合」となって盛んにおこなわれました。1649（慶安2）年にはウズラの専門書『鶉書』が出版され、飼育方法だけでなく、鳴き声や姿の良し悪しについても解説されています。

　江戸時代以前のウズラ飼育は、野生のウズラを捕獲しておこなわれていました。江戸中期ごろから、繁殖させて飼育するようになります。鶉合でよい成績を収めたウズラは高値で取引され、優良系統のウズラを得るために、ペアで飼って殖やすようになったのです。江戸時代後期の絵師、酒井抱一の描いた『鶉図』や、『梅園禽譜』の鶉も当時、流行した飼いウズラがモデルだったはずです。喜多川歌麿も草原の鳥としてヒバリと並べてウズラを描いています。ウズラは明け方に鳴くので、鶉合は早朝から江戸中の鳥好きが集まって開かれました。ウズラを鳴かせ、繁殖させるために、夜、灯りの下に置く「夜飼い」がおこなわれていたのです。当時の人々は、夜飼いにより食べるえさの量が増え、オスはよく鳴き、メスは産卵が早まり、たくさん卵を産むと考

『鶉図』酒井抱一

[上]『梅園禽譜』で毛利梅園が描いたウズラは解説つき。
[下]『鶉と雲雀』喜多川歌麿

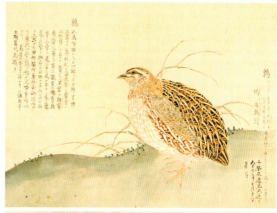

えていました。実際には、夜飼いは、現代養鶏の点灯飼育に通ずる手法です。日が伸び長日になると脳下垂体を刺激し、生殖腺を活性化させるので、鳴かせる時期を早めたり、産卵を促したりすることができたのです。

江戸時代に開発されたウズラの飼育方法は明治、大正期に継承され、大正時代には改良されウズラは家禽として成立しました。ウズラは卵や肉が利用され、系統繁殖されるようになり実験動物として世界各地の研究機関でも使われています。家禽化されたウズラの祖先は今でも野生に生息するニホンウズラです。ニホンウズラはキジ科の鳥としては珍しい渡り鳥で、夏に北海道や東北地方、シベリアなどで繁殖し、冬に南下し四国や九州で越冬します。川原、草原、畑に生息し、草むらで草の種や芽、虫や落ちた木の実などを食べています。危険が迫ると地面に伏せて動かず、開けたところにも出てこないのでなかなか見つけ難い野鳥です。近年では野生での生息数は少なくなり、なかなか観察できない野鳥になってしまいました。富士の裾野の草原にいるとの情報を頼りに、何回も鶉ウォッチングに出かけたことがあります。しかし、日本の野鳥のほとんどを観察したことのある私でも、まだ野生のニホンウズラには会っていないのです。

野生のニホンウズラのオス

ウズラ・コジュケイ

ウズラは日本でつくられた唯一の家禽で、哺乳類も含む家畜全体としても日本産でたったひとつの家畜なのです。世界中で使われているウズラは、Japanese Quailすなわち、「日本ウズラ」とよばれています。江戸末期に長崎から江戸へ旅したシーボルトは、東海地方の家の軒に、鶉籠がぶら下げてあるのを見て、ウズラ飼育が盛んなことにおどろき、雇っていた絵師の川原慶賀に『ウヅラ』のメモのある絵を描かせています。現在も飼育が盛んなのは東海地方で、ウズラ飼育の伝統が生きているようです。2008（平成20）年現在、全国で出荷される約600万羽のうち65パーセント以上を愛知県豊橋市周辺で生産しているのです。

『ウヅラ』川原慶賀

「水戸黄門」に登場するコジュケイの鳴き声

　ウズラに似ていて少し大きい里山の鳥にコジュケイがいます。多摩動物公園の雑木林にも多く「チョットコイ、チョットコイ」と大きな声で鳴き、園内でも繁殖していて、6月ころに側溝に落ちて上がれずにいるひなをよく助けたものです。コジュケイの大きく派手な鳴き声は、いつしか日本の里山によく似合うと勘違いされるようになり、「水戸黄門」など時代劇の街道筋の効果音として使われているのを聞いたことがあります。コジュケイはもともと中国南部の鳥で、大正時代に狩猟鳥として日本に輸入され放された外来種ですから、江戸時代の黄門様はコジュケイの声は耳にしていないはずです。

日本の里山の鳥として定着したコジュケイ

スズメ

スズメは有史以前の帰化動物

スズメは日本人にもっともなじみのある鳥のひとつで、田んぼや畑、川原、街や都会でもふつうに見ることができます。人のいない高山や深い森林にはいませんが、山地でも人家や山小屋があるとすみついていて、人を頼りに暮らしていることをうかがわせます。人の生活のまわりに暮らしているので、スズメもモンシロチョウやドブネズミと同じように、古代に人といっしょに日本列島にやってきた、有史以前の帰化動物だったとも考えられています。

日本で稲作がはじまったとされる弥生時代以来、スズメは稲の害鳥という認識で収穫前の大事な米を食い荒らすイメージと結びついてきました。スズメを追い払おうとするお百姓さんの苦労は、各地に残る「鳥追い歌」によく表現されています。ホオジロなどスズメと同じくらいの大きさの小鳥も穀物を食べ、こうした小鳥の総称としてもスズメの名を使ってきました。しかし、大群で田んぼに飛来し、稲穂に群がるスズメは困った存在であると同時に豊作の象徴でもあったのです。

親にえさをねだるスズメの幼鳥（永井凱巳氏提供）

平安時代には「雀の子飼い」がはやっていたようで、捕まえたり拾ってきたりしたスズメのひなを育て飼っていたと思われる記述が、『源氏物語』や『枕草子』に見られます。案外スズメの飼育は難しいものですが、ひなから飼い、餌づけることができると、手のり文鳥のようになつきます。人になついてしまうと、かごに入れずにおいても、飼われている家に居ついて逃げていくこともなく、評判になりかわいがられたのでしょう。現代でも手のりになり家に居ついたスズメが話題になり、ニュースになることがあります。ときどきあらわれる白いスズメは吉兆のしるしとされたようで、伊藤若冲は『秋塘群雀図』のなかに1羽だけ描いています。昔から身近な存在だったので、

葛飾北斎もスズメを題材にしました。

江戸時代の画家、長沢蘆雪は多くの動物画を残していますが、「雀の画家」とよばれたほどスズメの絵をたくさん残しています。きっと身近な存在として観察し、描いたと思われ、採食、日光浴、砂浴びなど様々な活き活きとしたスズメが登場するのです。我が家のえさ台には冬になると、仏様に供えたごはんやパンくずを置いています。毎年、最初にやってくるのはスズメで、蘆雪の描いた光景が繰り広げられ、楽しんでいます。スズメだからといって追っ払ったりしてはいけません。えさ台に群れるスズメを見て、他の小鳥たちも安心して、やってくるようになり、えさ台はにぎやかになるのです。

[上]『秋塘群雀図』（伊藤若冲）に1羽だけ描かれた白いスズメ
[下] 現代でもときどき観察される、羽の白化したスズメ（永井凱巳氏提供）

『群雀と落穂の図』長沢蘆雪

スズメを駆除した結果……

　私が東京の八王子に引っ越してきたころは、周辺に田畑があり、竹やぶもあってスズメのねぐらになっていました。半世紀ほどたって田畑も竹やぶもなくなり、今は公園のケヤキとサクラをねぐらにしていますが、冬には葉が落ちてしまい姿を消してしまいます。電柱の下にスズメのふんが落ちているので、見上げると変圧器のすき間にスズメがはいりこんでいました。きっと暖かいはずで、さすが人の生活を利用しながら共存してきたスズメだけのことはあると感心しました。

　昔、害鳥退治としてねぐらの竹やぶに網を張り、スズメを一網打尽にする駆除が行事としておこなわれていました。ところが、スズメがいなくなると稲の害虫が大発生し、稲作に打撃を与えたのです。スズメは春から初夏にかけて稲穂が実る前に、ひなに虫を与えて育てるので、結果的に田んぼの害虫をたくさん食べていることがわかったのです。最近、スズメが減っているという報道をよく耳にします。『舌切り雀』の舞台が竹やぶであったように、「雀のお宿」といえば竹やぶが思い浮かびます。冬でも葉の落ちない竹やぶはスズメにとって最高のねぐらでしたが、郊外の宅地化などで人里の竹やぶは減ってしまいました。スズメは屋根のすき間などに枯れ草や羽で巣をつくりますが、最近ではそうしたすき間のある住宅も減ってしまい、スズメにとってもすみにくい時代になったのかもしれません。

　日本にはもう一種、ニュウナイスズメという頬に黒い斑（まだら）のない、赤みの強い羽のスズメが生息しています。ニュウナイスズメは本州では山地や高原などで、北海道では平地でも繁殖します。落葉広葉樹の樹洞（じゅどう）やキツツキの古巣に巣をつくり、繁殖期は樹上で虫をとり、ほとんど地上には下りない、「山のスズメ」なのです。ところが、秋から冬にかけて大群になり、低地や暖かい地方に移動し、畑や田んぼ、川原で草の種や穀類に群がります。私は九州の田んぼでスズメと混群（こんぐん）になった大群を見て、やはりお百姓さんは困っているのだろうなと心配したことを思い出します。

ニュウナイスズメのオス （永井凱巳氏提供）

カラス

カラスは不吉な鳥か、神聖な鳥か？

カラスは真っ黒な姿や不気味な悪声、それに動物の死体をもついばむ貪欲な食性からか、洋の東西を問わず、不吉な鳥とされてきました。中世の絵巻物には墓場や戦場の死体などの場面にカラスが描かれています。江戸時代に日本に布教に訪れたスペイン人神父のコリャードは、日本人がカラスの鳴き声を災いの予兆としていたと書き残しています。その一方で、神意を伝える神聖な鳥とも考えられていました。サッカー日本代表のシンボルマークである三本足の八咫烏は『古事記』では高御産巣日神の使者であり、『日本書紀』では天照大神の使者と記されています。神武天皇が九州から近畿への東征の際に熊野の深い森を道案内したのが八咫烏で、今も熊野那智大社に石になった八咫烏が烏石としてまつられているのです。

カラスは賢い鳥で、なかまどうしで楽しむように遊んでいるのがよく観察されます。安土桃山時代の絵師、長谷川等伯の『烏鷺図屏風』には遊んでいるカラスがよく表現されています。カラスは不吉

『大日本名将鑑』より「神武天皇」月岡芳年

熊野那智大社の八咫烏像

『烏鷺図屏風』長谷川等伯

『鳶鴉図』与謝蕪村

な鳥ともされ、江戸時代の俳人で、画家としても知られる与謝蕪村の『鳶鴉図』はそんな雰囲気を漂わせています。西洋の昔話にもカラスがよく登場し、『イソップ物語』では少々間抜けな鳥として扱われていました。ハクチョウにあこがれて、黒い羽を洗い続けたり、美しい羽を集めて着飾ってばれてしまったり、散々です。樹上で食べていた肉を、キツネに鳴き声をほめられ鳴いて見せ、肉を落として横取りされたりもしています。黒へのコンプレックスとおだてに乗りやすい生きものとして描かれているようです。

　スズメと並んで、日本中どこでも見ることのできる鳥がカラスです。日本では10種ほどのカラス科の鳥が知られていますが、ふつう見られるのはハシブトガラスとハシボソガラスです。ハシブトガラスは海岸から高山まで広く生息し、都会のビル街でも生活しています。雑食性で何でも食べ、ゴミをよくあさり、動物や魚の死体にも集まります。私の飼育係時

代はハシブトガラスにずいぶんと悩まされたものです。イノシシやシカの子の肛門をついて内臓を引っ張り出して殺して食べてしまったり、動物たちのえさを盗まれたりしたものです。どうやってカラスから子どもの動物を守るか、えさを食べられないようにするか、いろいろな工夫をしました。都会では街路樹に巣をかけ、下を通る人を襲うこともあり、よく話題になります。

　ハシブトガラスとハシボソガラスの違いは、なれてくるとわかるようになります。名前の通りハシブトガラスはくちばしが太く、体も大きいのに対し、ハシボソガラスは少し小型で、くちばしもほっそりしています。「カァーカァー」と澄んだ声で鳴くのはハシブトガラスで、「アーアー」とか「アハハハ」と人の笑い声のように聞こえる声もだします。ハシボソガラスの鳴き声は濁った声で「ガァーガァー」と聞こえ、「カポン」とか「カララ」という声もだします。ハシボソガラスも雑食性でゴミもあさりますが、ハシ

［上］太いくちばしのハシブトガラス
［下］細いくちばしのハシボソガラス

ブトガラスよりは草の種や木の実、虫などの自然のえさに頼っています。道路や線路にクルミや貝などかたいものを置いてタイヤや車輪にひかせて割り、テレビのニュースなどで話題になるのはハシボソガラスのほうです。

サクラエビを盗み食いするハシボソガラス　　『梅園禽譜』に描かれたハシボソガラス

ガン・ガチョウ

東京からガンがいなくなった理由

飼育係時代、自分から志願して飼い、繁殖させたいと思ったのがガンです。関東地方には今、ガンはほとんど渡ってきません。北海道や八郎潟を中継地として、宮城県の伊豆沼周辺や北陸地方が現在の越冬地です。昭和30年代まで、東京湾でマガンの群れが越冬していました。江戸の浮世絵師歌川広重は『名所江戸百景』の「よし原日本堤」の雁行や、『江戸近郊八景』の「羽根田落雁」、『月に雁』など

マガン飛翔

江戸を舞台にした風景にガンをよく登場させています。棹になり、鉤になり群れで飛ぶ雁行は、秋から冬の風物詩だったのです。森鷗外の小説『雁』には不忍池で石を投げたら、ガンにあたったというくだりがあり、池の界隈には雁鍋屋がたくさんあったともあります。がんもどきは大豆タンパク豊富な精進料理で、ガンを食べたいお坊さんたちが代

[左]『名所江戸百景』「よし原日本堤」歌川広重
[右]『月に雁』歌川広重

用食としてつくり出したといわれているのです。昔は食べるほどたくさんのガンが日本に渡ってきていたのです。

狩猟鳥だったガンは1971（昭和46）年に天然記念物に指定されました。前年のカウントで、マガンは日本中で仙台周辺に3000羽ほどしか数えられませんでした。当時、狩猟鳥として毎年1000羽ぐらい撃たれていましたから、このままいけば3年で絶滅してしまう計算になります。その後は順調に増えて、今では10万羽ぐらいが渡ってくるまでに回復しました。しかし、仙台に残っていたものの子孫たちなので、祖先から受け継いだ渡りのルートをかたくなに守り、東京にはこないのです。北海道の宮島沼には春に北帰するガンが集結します。私が訪ねた2013（平成25）年の4月の宮島沼には、5万羽が集結していました。夕方、ねぐらの沼に戻ってくるガンは水面上空で突然雁行を崩し、沼に落ちるように着水します。このねぐら入りを「落雁」といいます。伊藤若冲の『芦雁図』、歌川広重の『月に雁』はまさしく落雁の光景その

『芦雁図』伊藤若冲

ものなのです。

上野の不忍池にガンを放し飼いにしておとりにすれば、ガンが越冬にくるのではないかと、ガンを殖やしたいと思いました。ところが日本の動物園では、冬鳥として渡ってくるガンはまったく繁殖していませんでした。たとえば、ウグイスは梅の花を見て鳴くのではなく、日長が伸びることで脳下垂体が刺激され生殖ホルモンが分泌されるから鳴きます。日本に冬鳥として渡ってくるガンは、北緯70度ぐらいの北極圏が繁殖地であり、白夜の季節に繁殖します。ガンは白夜のように、一日中明るい日長にならないと生殖腺ホルモンが分泌されないのです。

カリガネを蛍光灯で照らした人工白夜の下で飼ったら簡単に殖えました。カリガネのひなは1カ月過ぎたころには、風

カリガネの親子

切羽が伸びきって飛べるようになります。ところが、同じ日にかえったハイイロガンのひなは飛べるまでに2カ月を要しました。北極圏のカリガネの繁殖地に対し、ハイイロガンの繁殖地は北緯45度ぐらいの中緯度地方です。カリガネは、1カ月で飛べるようになって、親の渡りついて行けないと、えさがなくなってしまいますが、ハイイロガンはゆっくり成長しても、まだえさがあるのです。

ガンはこうしてガチョウになった

　ハイイロガンはヨーロッパガチョウの原種で、家禽になったガンです。ノーベル賞を受賞したローレンツ博士の「刷りこみ理論」もハイイロガンで研究されました。シナガチョウの原種サカツラガンも北緯40度ぐらいのアジアが繁殖地で、中国で家禽化されています。ユーラシア大陸の中緯度地方は昔から人も住んでいて、繁殖地で卵やひなを採取できます。サカツラガンは現在の日本では稀にしか渡って来ませんが、江戸時代には冬鳥として普通種だったようで、葛飾北斎の『富嶽百景』の「田面の不二」に群れで描かれています。ローレンツ博士の刷りこみと同じように昔の人々もかえりたてのひなを人にならしたのでしょう。ガンやカモの親鳥は、繁殖期に換羽するため飛べなくなり、ひなが育ったころに羽が伸び、飛べるようになります。ひなを連れて2カ月ほど飛べないのですから、簡単に家族を一網打尽にできたに違いないのです。

　ヨーロッパにも中国にも、高緯度地方で繁殖するマガンやカリガネ、ヒシクイなども冬鳥として渡ってきますから、捕獲して飼われたこともあったはずです。しかし、どのガンも日長が足りないから卵は産まず、飼育して殖えたのは、ハイイロガンとサカツラガンだけだったのではないでしょうか。この2種のガンはさらに人間に改良されて、ガチョウという家禽になったのです。日本へは奈良時代にはシナガチョウがはいっていましたが、産業的に飼われることはなく、見知らぬ人を見つけると騒がしく鳴くので、番犬がわりに飼われたようです。現在でも動物園や公園の池で見ることのできる家禽です。

葛飾北斎の『富嶽百景』「田面の不二」に描かれたサカツラガン

アヒル・マガモ

鎌倉時代にやってきた日本のアヒル

日本ではアヒルというと食用家禽というより、ペットや漫画のキャラクターとしてのイメージのほうが強いようです。合鴨農法で有名になったアイガモはアヒルとマガモの交雑種ですが、マガモを使って改良されたマガモ似のアヒルなのです。江戸時代から御料場などの鴨猟では、おとりとして騒がしく鳴くナキアヒルを飼っていました。ナキアヒルの羽色はマガモそっくりですが、渡りをしないなどアイガモの一種と考えることもできます。じつは日本で鴨肉として流通し、鴨南蛮や鴨鍋になっているのは、ほとんどが肉用アヒルかアイガモなのです。「ドナルドダック」や「白いアヒルさん」のイメージからアヒル肉の名称ではなく鴨肉の名で販売されているのです。

アヒルの原種マガモは広く北半球中高緯度地方で繁殖し、冬季はより南で過ごす渡り鳥です。日本では大部分は冬鳥ですが、一部が北海道や上高地などの寒冷地や高地で繁殖しています。ハワイガモやレイサンガモなど太平洋の島には渡りをしない留鳥化しているマガモがいて、家禽化の素質をうかがわせます。最初にマガモを家禽化したのは中国で、紀元前2500年ごろの中国の壺にアヒルらしき絵が描かれています。アヒルを飼育していた確実な記録は紀元前1000年ごろから残されています。アヒルを殖やすため紀元前200年ころに、抱卵しなくなったアヒルの卵をかえすための火力を使った人工孵卵器が発明されています。中国とは

［上］『梅園禽譜』に描かれたアイガモ
［下］群れのマガモは、緑光沢の頭がオス、褐色がメス

別に東南アジアでも、インディアンランナーなど細身のアヒルにつながる系統が作出されています。アジアのアヒルはヨーロッパにもたらされ、15世紀以降になっていろいろな品種ができたと考えられています。

日本へは鎌倉時代中期、13世紀になって中国の南宋（なんそう）から渡来していたと考えられています。当時、水かきのイメージから「足広（アヒロ）」とよばれたことがアヒルの語源となったのです。日本在来のアヒルは、マガモに似た青首型と白色型がありました。江戸時代後期の絵師、鈴木其一（すずききいつ）の描いた『水辺家鴨図屏風（みずべあひるずびょうぶ）』には両系統のアヒルが活き活きと描かれています。青首型をアオクビアヒルとよび、各地で飼われていましたが、現在では産業的には飼われていません。公園の池や河川などで放し飼いや半野生の個体を見かけることがあります。白色型は改良を加えられ、アヒル飼育が盛んな大阪で、需要に合わせ大阪アヒルから卵肉兼用種の改良大阪アヒル、肉用種の大阪種アヒルへと改良されました。1962（昭和37）年のピーク時には大阪だけで25万羽も飼われていたのです。

［上］細身のアヒル、インディアンランナー
［下］アヒル飼育が盛んな大阪でつくられた、大阪アヒル

アヒルは動物園や公園の人気鳥類のひとつです。私は井の頭（いのかしら）自然文化園にいるときにイギリスからコールダックという世界一小さなアヒルを輸入しました。かん高く騒がしく鳴くのでコールダックとよばれ、鴨猟のおとりに使うのでデコイともよばれています。おとり品種として成立した小型アヒルですが、日本のナキアヒルも江戸時代から大きな鳴き声でカモをよぶ役割を担ってきました。偶然にも2種の名は同じ意味で、古くから洋の東西で同じ目的のアヒルがつくられていたのです。

『水辺家鴨図屏風（みずべあひるずびょうぶ）』鈴木其一（すずききいつ）

オシドリ・カモ

オシドリは東アジアの特産種

　オシドリは漢字で鴛鴦と書き、「えんおう」と読みます。「鴛」はオスで「鴦」がメスという、ペアとして意味をもつ言葉でもあり、「鴛鴦の契りを結ぶ」とか「おしどり夫婦」など仲のよい夫婦のたとえに使われています。井の頭自然文化園ではかつて井の頭池でも見られたオシドリを復活させようと、「おしどり千羽作戦」と命名し、オシドリの増殖をおこな いました。このとき個体関係がわかるようにカラーリングをつけた数ペアを大きなケージに入れ、巣箱をペアの数だけ設置して、春の繁殖期を待ちました。予想通り数ペアが形成され、メスだけで抱卵しひながかえると、ひなたちは2メートルほどの高さの巣箱から水面に飛び降り、巣立ちました。翌年も同じように準備しましたが、カラーリングの色から前年とは別々の個体がペアになっていたのです。

　日本各地で繁殖しているカモのなかまに、オシドリとともにカルガモがいます。カルガモはオスもメスも同じ羽色ですが、繁殖期のオシドリのオスはみごとなオレンジ色の銀杏羽に赤いくちばしなどみごとな姿になります。メスは1年を通じて地味な羽色なので、ペアでいるといかにも仲のよい夫婦のように見え、おしどり夫婦という言葉が生まれたのではないでしょうか。伊藤若冲の『雪中鴛鴦図』や松村景文の『梅に鴛鴦・月に鴨図』など、江戸時代の鴛鴦画もかならずペアで描かれています。ただし、動物園で観察したところ、オシドリよりガンやハクチョウのほうが夫婦のきずなは強く、相手

［上］オシドリのペア　［下］カルガモの親子

『雪中鴛鴦図』伊藤若冲
（せっちゅうえんおうず）（いとうじゃくちゅう）

『梅に鴛鴦・月に鴨図』松村景文
（まつむらけいぶん）

　が死なない限りずっとペアでいました。ガンもハクチョウも日本では繁殖せず、オスとメスが同じ色なので注目されなかったのでしょう。

　オシドリは東アジアの特産種で、美しいため各地に輸出され、ヨーロッパでは外来種として定着しています。日本では山地の湖沼、川、渓流で繁殖し、水辺に張り出した大木の樹洞に巣をつくります。日中は水辺におおいかぶさった樹木の下や枝の生い茂った薄暗い場所で休み、夕方から「クェッ」とか「チュビ」と鳴きだし、活動をはじめ、カシやシイのドングリを好み、カやハエなど動物質もとり、人の与えたパンも食べます。冬季は都会の公園の池などでも見られますが、井の頭公園のような市街地でも、大木のある公園では、巣箱をかけておくと繁殖することがあります。

「不忍池バードサンクチュアリー計画」とは

　終戦直後、日本を占領していた進駐軍関係者から、「日本人には残虐性があるから公園のリスやスズメが人に寄ってこない」という発言がありました。何とかこ

の偏見を正そうと1949（昭和24）年に不忍池の一部が上野動物園の域内になったのを機会に、古賀忠道園長は「不忍池バードサンクチュアリー計画」を立てました。戦争中に田んぼになっていた池は土砂を取りのぞき、その土で島をつくり、カモやサギなどの野鳥が休める場所を造成しました。動物園で殖やしたアヒルやガチョウを放し、カモをよぶおとり作戦を開始したのです。おとりの放し飼いをはじめると、つられて野生のカモが集まるようになりました。1958（昭和33）年の台風で皇居のお堀が崩れたときには、オシドリが300羽も避難してきて、池が赤く見えたこともあるのです。『梅園禽譜』には2羽のオスのオナガガモが描かれていますが、1羽は冬のきれいな羽、もう1羽は繁殖期の終った夏の地味なエクリプス羽で、毛利梅園の観察眼に感心させられます。昔から日本に渡って来たオナガガモですが、狩猟対象で人になれることはありませんでした。そのオナガガモが1960年代にはいると、集まりは

不忍池の畔で休む矢ガモ

じめ、60年代後半にはすっかり餌づいてしまい、池周辺の散策路にまで上陸して、人の手からえさをもらうまでになりました。古賀園長がアメリカ人のもつ日本人への偏見を正そうとした試みは、みごとに成功したのです。

1993（平成5）年2月に不忍池に「矢ガモ」が飛んできました。矢ガモはハス池やボート池にいるとやじ馬やマスコミに追われるため、いつしか上野動物園内の、池のお客さんのはいれない岸辺で休むようになりました。私はこのころ飼育係長をしていて、矢ガモの保護作戦の指揮をとっていました。観察を続け、矢ガモの休む池のほとりの位置がわかったので、この「矢ガモ指定席」に網を張り、保護することに成功したのです。矢ガモも不忍池が都会の真んなかにある水鳥たちのオアシスであることがわかったからだと思います。

『梅園禽譜』に描かれた2羽のオスのオナガガモ。上が冬のきれいな羽で、下が夏のエクリプス羽。

ツル

日本は世界的な「ツル王国」

世界中にツルは15種が知られていますが、そのうち7種が日本で記録されていて、日本は「ツル王国」なのです。タンチョウは *Grus japonensis*（グルス・ヤポネンシス）すなわち「日本のツル」という学名がついています。タンチョウは北海道で営巣する、日本で繁殖する唯一のツルです。タンチョウは第二次世界大戦の後には道東の根釧原野に十数羽しか見つかりませんでした。地元の人々が冬にえさを与えるなど保護してきた結果、現在では1300羽を超すまでに増えました。こうして、自然

飛翔するタンチョウ

の生息地で野生生物を守っていくことを域内保全といいます。

域内保全に対し、動物園などで滅びそうな動物を殖やし守ることは、生息域以

域外保全で繁殖したタンチョウ

外の場所で保護するという意味で域外保全といいます。上野動物園は戦時中にゾウやライオンなどがいなくなりましたが、戦後すぐにインドからのゾウをはじめ、世界中の動物園からたくさんの動物が贈られてきました。お礼に何か動物を贈ろうと、希望を尋ねるとかならず「日本のツルが欲しい」と返事がきたのです。

これに応えて、1950（昭和25）年ころから孵卵器によるツル類の人工孵化と人工育雛が成果をあげるようになりました。鳥は卵を失うと補おうとしてふたたび産卵するので、本来であれば1シーズンに1度、それも2卵しか産まないメスに何個も卵も産ませて、ツルを多数殖やす技術を開発したのです。この成果をまとめた古賀忠道園長の博士論文は、釧路にある鶴公園でのタンチョウの増殖や、14羽にまで減少したアメリカシロヅルの人工増殖に応用され、絶滅の危機から救うことに貢献しました。タンチョウは域内保全で守られた北海道に1300羽、域外保全で殖えた250羽が日本各地の動物園で飼われています。タンチョウは域内保全と域外保全の両面からの保護で絶滅を免れたのです。

中国ではツルを不老長寿の象徴とし、日本でもその優雅な姿から千年を生きるおめでたい鳥とされてきました。奈良時代、長屋王はツルの飼育係を任命し、邸内でツルを飼わせていて、ツルが描かれた墨書土器が出土しています。現在、日本にはタンチョウ以外に冬鳥としてナベヅルとマナヅルがおもに九州の出水地方に合わせて1万羽以上飛来します。昔はナベヅルも関東地方でもふつうに越冬していたようで、奈良時代に飼われていたツルはナベヅルやマナヅルであったかもしれません。『梅園禽

［上］出水で越冬するナベヅルの親子
［下］マナヅルの求愛ダンス

『名所江戸百景』「蓑輪金杉三河しま」歌川広重

[上]『梅園禽譜』に描かれたナベヅル
[下]『梅園禽譜』に描かれたタンチョウ

譜』にもタンチョウやナベヅルが描かれています。

　ツル（特にタンチョウ）はその優美な姿から人間の女性に姿を変える「鶴の恩返し」など昔話が各地に残っています。同じような寓話が、やはりタンチョウの生息地である中国の唐代にすでにあり、これがモデルだとすると、かなり昔から語り継がれていたのでしょう。鎌倉時代にはツルはキジとガンと並び三鳥とよばれ、武家社会では最高においしい鳥肉とされていました。徳川時代には将軍の鷹狩の最高の獲物がツルで、一般庶民には捕獲が許されない禁鳥だったので、江戸周辺の水辺や田んぼでツルを見ることができたようです。歌川広重の『名所江戸百景』の「蓑輪金杉三河しま」にみごとなタンチョウが描かれています。

ツル 33

コウノトリ

日本のコウノトリが絶滅した理由

　日本ではよく、おめでたい絵として屏風などに「松に鶴」の図が使われます。ツルはタンチョウですが、タンチョウやマナヅルなど日本のツルは木には止まりません。松に止まる鶴の正体は、樹上に営巣するコウノトリで、タンチョウなどツルは地面に営巣する地上性の鳥なのです。全体に白い羽で、風切羽が黒いという共通の特徴なので、遠くから見ればタンチョウとコウノトリはよく似ていて、昔から混同されていました。

［上］野原で採食するコウノトリ
［下］飛んでいる姿もタンチョウによく似ている。

　私はいろいろな動物、特に鳥と哺乳類の足の裏に墨を塗って採取する「足拓」を集めています。あるとき、奈良文化財研究所埋蔵文化財センター長の松井章先生から、コウノトリの足拓がないか質問を受けました。大阪の池島・福万寺遺跡の弥生時代の水田跡から人のものといっしょに鳥の足跡がたくさん出土したのです。洪水で大量の土砂が田んぼを一瞬で埋めてしまったので、きれいに人や鳥の足跡が残ったそうです。足跡の大きさから推察して、タンチョウとコウノトリとトキとアオサギの足拓を松井先生に送りました。その結果、遺跡の足跡とコウノトリの足拓がぴたりと一致したのです。これにより、弥生時代からコウノトリは日本人と共生していたことがわかりました。

　コウノトリは、かつて日本中で見られた鳥です。江戸時代、青山新長谷寺、御蔵前西福寺、本所五百羅漢寺など江戸の大きなお寺の屋根に巣をかけていた記録が残っています。

　徳川家の鷹狩の記録にも葛西で3羽が捕獲された記録があり、1827（文政10）年に刊行された行楽ガイドブックにあた

『江戸名所花暦』（長谷川雪旦画）には、木下川薬師にある松に止まり羽を休めるコウノトリが描かれている。

る『江戸名所花暦』の木下川薬師の絵に、松のてっぺんに止まり羽を休めるコウノトリが描かれています。

コウノトリは近年になって日本土着のものは絶滅してしまいました。コウノトリ絶滅の大きな原因は農薬と考えられています。水田でえさをとることの多いコウノトリにとって、昭和30年代に米の増産のために盛んに使われた農薬が致命的だったのです。卵を産んでも無精卵だったり、卵のからがうすくなったりして、卵を抱こうとする親の体重で割れてしまいました。コウノトリは1964（昭和39）年5月に福井県小浜市で繁殖したのを最後に、野生での繁殖記録は途絶えたのです。

幸い中国やロシア極東地域に残っていたので、これらを譲り受けて動物園や保護センターで殖やし、野生復帰をさせて復活しました。多摩動物公園は中国のハルビン動物園からキリンとの交換で、1985（昭和60）年に5羽のコウノトリを手に入れました。ちょうど私はそのコウノトリの世話をし、見合いを繰り返し、相性のよさそうなペアをつくりました。このペアは1988（昭和63）年に日本ではじめての飼育下での繁殖に成功し、2羽を育てたのです。育った2羽のひなは、最後の生息地である兵庫県豊岡の特別天然記念物コウノトリ飼育場に送られ、日本の空にコウノトリが復活する第一歩となりました。野生復帰も豊岡だけでなく、関東の野田市でもおこなわれるようになり、2017（平成29）年現在、日本で野生で暮らすコウノトリは100羽を超えているのです。

日本で最初に繁殖に成功した多摩動物公園のコウノトリとひな

トキ

日本でトキがあたりまえに見られる日はくるのか？

　今、日本に500羽近いトキがいるといったらビックリする人が多いのではないでしょうか。2017（平成29）年の春、佐渡島には野生復帰したトキが209羽、この繁殖期に69羽が巣立ち、放鳥したトキと合わせて、7月の時点で299羽が生息しています。佐渡と4カ所の分散飼育地で飼われているトキは181羽で、野生と飼育下を合わせると480羽がいるのです。佐渡島では秋に稲刈りが終わった田んぼに下りて、群れでドジョウやバッタをついばむトキに会えるようになったのです。

　1967（昭和42）年に佐渡新穂村に佐渡トキ保護センターが開設され、保護されたトキの飼育がはじまりました。トキのえさには地元の魚屋から入手できるアジなどを使っていました。飼育中に死んだトキを解剖すると、体内からアジに由来するアニサキスという寄生虫が見つかったのです。上野動物園で1958（昭和33）年から飼いはじめたクロトキのえさもアジでしたが、いっこうに繁殖しませんでした。安全で高栄養の人工飼料が必要とする声が高まり、上野、多摩、井の頭の都立3動物園で近似種のクロトキなどを使って人工飼料を開発しました。人工飼

飛翔するトキ

料で飼育したクロトキにより、飼育開始から繁殖の成功まで、実に11年の歳月を要し、1969（昭和44）年にはじめてのひなが誕生したのです。

　人工飼料によって東京でのトキ類の繁殖は軌道に乗り、この技術は佐渡トキ保護センターに伝えられました。若鳥のときから人工飼料だけで飼われた、日本産最後のトキである「キンちゃん」が36歳で天寿を全うできたのも、人工飼料の安全性を証明するものといえます。キンちゃんが安全で高栄養の人工飼料で生き永らえたことが、佐渡トキ保護センターを存続させ、日本のトキの復活をあきらめずに続けられた原動力になったのです。1999（平成11）年に中国から天皇陛下に贈られたペアからはじめてのひなが誕生し、トキの繁殖も軌道に乗りました。2008（平成20）年には野生復帰が実現し、1981（昭和56）年の5羽捕獲以来27年ぶりに佐渡島に野生で生活するトキが復活しまし

36歳の天寿をまっとうした日本産最後のトキ、キンちゃん

た。

　トキの最も古い記録は『日本書紀』に書かれている桃花鳥とされ、鎌倉時代には稲負鳥（いなおおせどり）とよばれ田んぼの身近な鳥だったことをうかがわせます。トキは繁殖の時期になると、のどから黒い色素を出し

佐渡トキ保護センターで最初に生まれたトキ、優優（ゆうゆう）の求愛行動

て、羽にぬります。江戸時代に描かれた『啓蒙禽譜』のトキは羽が黒く着色した繁殖羽の背黒トキと、非繁殖期の淡いピンク色の桃花鳥と記載された2羽のトキが描かれています。葛飾北斎の『富嶽百景』の「寫真の不二」に描かれているのも、くちばしの形からトキと思われます。江戸時代の『徳川実紀』にある将軍の鷹狩で、葛西や王子で4羽のトキが捕獲された記録が残っています。今の王子からは想像できませんが、おそらく田んぼが広がり、湿地として続いていた千住には紅鶴の記録があり、『古事類苑・動物部』ではトキとされます。やはり王子に近い赤羽も水田

葛飾北斎の『富嶽百景』「寫真の不二」に描かれた、トキと思われる鳥

地帯でトキの採食地だったようで、赤羽の名もトキが由来だったと想像することができます。トキはかつて日本中にいた鳥で、日本全国でトキが昔のようにふつうの鳥になる日を期待したいと思います。

『啓蒙禽譜』に描かれた繁殖羽（左）と非繁殖羽（右）のトキ

『梅園禽譜』のトキは繁殖羽で、紅鶴または朱鷺と記載されている。

ウ

カワウとウミウの簡単な見分け方

上野の不忍池で今はあたりまえのように見られるカワウは、1949（昭和24）年当時、東京湾岸の千葉県大巌寺にあった「鵜の森」から19羽を保護したのがはじまりです。その後、カワウは不忍池で自然に繁殖するようになり、野生のカワウも飛来するようになりました。羽田空港のあたりには、かつて鴨場がありカワウの大繁殖地でした。大巌寺の鵜の森も羽田の繁殖地も今はなくなり、東京湾のカワウの繁殖地は一時期消滅したのです。最近、東京湾沿岸でもふたたび繁殖しはじめましたが、当時の不忍池はカワウの避難場所として機能していたのです。

上野動物園では最初に保護したカワウを囲って飼っていましたが、ときどき野生のウが囲いにはいっていることがありました。囲いのカワウにはえさの魚を与えていましたので、飛べる野生のウたちが横取りにくるのです。そんななかにときどき、ウミウが混じっていることがありました。ウミウは少し大型で、羽に緑光沢があり、紫色あるいは茶色い光沢のあるカワウとなれてくれば区別できます。

［左］カワウは羽に茶色い光沢がある。
［右］ウミウは羽に緑色の光沢がある。

『木曽海道六十九次』より「岐阻路ノ驛 河渡 長柄川鵜飼船」渓斎英泉

でも、もっと簡単に見分ける方法を発見しました。囲いは以前トドを飼っていたプールで、真んなかにコンクリートの段々になった陸地があり、園内で伐採した樹木を何本も止まり木として置いてあります。カワウたちはこの樹木に止まり休んでいました。ところが、ウミウはかならず、コンクリートの上に下りていて、絶対に木には止まりませんでした。じつは、カワウは樹上に巣をかけ、ウミウは岩場に営巣します。大都会の不忍池で、目の前で自然での生態の差を見せてくれたのです。

ウといえば日本では長良川の鵜飼いが有名です。川の鵜飼いなのに使っているウはウミウで、茨城県日立市の伊師浜海岸の断崖で捕獲したものです。カワウは南米以外世界中に分布していますが、ウミウは日本近海にしか生息していません。中国では3000年も前から鵜飼いがおこなわれ、野生には存在しない白いウでの鵜飼いもあり、歴史の長さを感じます。

中国やベトナムでは伝統行事や観光というよりは今でも漁業として鵜飼いがおこなわれ、使われているのはカワウです。大型でより多く魚を飲みこめるウミウを使えるのは日本の鵜匠の特権なのです。

長良川の鵜飼い

弥生時代の「鵜を抱く女」とは

　日本人とウとの関わりを示す一番古い例は、山口県にある弥生時代の土井ヶ浜遺跡から発掘され、「鵜を抱く女」と命名された人骨です。300体もの人骨が発掘され、そのなかに左胸にウを抱きかかえるようにして埋葬された女性の遺骨が見つかったのです。すでに鵜飼いがおこなわれていたのか、あるいは空飛ぶ鳥が霊魂を運び、神の使いとされたため巫女のような特別な人物といっしょに埋葬されたのか、想像をたくましくしてしまいます。

　『万葉集』に鵜飼いを詠んだ句がのっていて、日本の鵜飼いは古墳時代にはおこなわれていたことをうかがわせます。鵜匠がウを操るようになったのは平安時代になってからとされ、鎌倉時代には盛んになり、源頼朝は鵜飼いが好きで、相模川で楽しんだとか、付近のアユ漁を禁じたという話も残っています。鵜飼いは全国各地の川でおこなわれていましたが、長良川では鵜飼いがとったアユの鮎鮨を毎年徳川将軍家に献上し、鵜匠にはほうびが与えられていました。今でも数カ所の河川で伝統的行事や観光として鵜飼いがおこなわれていますが、長良川で盛んなのは、江戸時代からの事情によるのでしょう。ウは4本の足指の間に3枚の大きな水かきがあるのに対し、葛飾北斎の描いた『鵜』は、くちばしや足がトキのようで逆光で見たトキなのかもしれません。

『鵜』葛飾北斎

ワシ・タカ

縄文時代から猛禽類とのつき合いがあった日本人

　ワシとタカはどう違うのですか、とよく質問を受けます。ワシもタカも同じなかまで、大まかにいえば大きいものがワシ、小さいものがタカとよばれています。しかし、クマタカのようにかなり大きくてもタカとよばれたり、カンムリワシのようにそれほど大きくなくてもワシの名がついていたりで、厳密なものではありません。

　ワシやタカだけでなく、ハヤブサやフクロウ、日本にはいませんがコンドルやヘビクイワシも猛禽類とよばれる肉食性の鳥類です。フクロウ以外はみんなタカ目の同じなかまとされていましたが、最新のDNA研究でハヤブサはスズメ目に近いことがわかり、ハヤブサ目が新設されました。系統が違っても生態が似ていると姿が似てしまうことを「収れん進化」といいますが、タカとハヤブサの関係はまさしく収れんによる類似だったのです。

　猛禽類と日本人の関わりにも古い歴史があり、縄文時代の遺跡からワシと思われるくちばしをもつ鳥の頭をかたどった、取っ手のついた土器が出土しています。優雅に大空を舞うワシは畏怖の存在として、守り神のような信仰対象だったのかもしれません。古墳時代の遺跡からは手にタカと思われる鳥をもった鷹匠の埴輪が見つかっていて、すでに鷹狩がおこなわれていたと考えられています。

　室町幕府は正月11日を御狩山始と定めて、鷹狩を将軍家のめでたい行事として、

［上］飛翔するクマタカ（入江正己氏提供）
［下］将軍が鷹狩に使ったオオタカ

『徳川十五代記略』「十代将軍家治公鷹狩之図」歌川芳藤

各地にタカを求め、朝鮮半島から白鷹を手に入れています。この時代、タカはウマと並んで将軍や大名の大事な贈答品でした。徳川家康は鷹狩に熱心で、ツルやガン、コウノトリのいる葛西や鴻巣、キジやノウサギを目当てに川越や佐原によく出かけていました。家康の鷹狩は娯楽目的だけでなく、庶民の暮らしの視察、領地の把握、軍事拠点の確保などいろいろな目的があったようです。鷹狩の一番の獲物はツルで、歌川芳藤の『徳川十五代記略』の「十代将軍家治公鷹狩之図」にタンチョウを捕えたタカが描かれています。江戸の街にワシがいたのか、それとも珍しかったからか歌川広重の『名所江戸百景』「深川洲崎十万坪」のワシは、上空から下界の獲物をねらっているようです。

『名所江戸百景』「深川洲崎十万坪」歌川広重

『梅園禽譜』に描かれたオオタカ

　日本で鷹匠が使っていたタカの主流はオオタカで、東北地方の山間部ではクマタカを使う鷹匠もいました。アラブの王族はハヤブサを鷹狩に使い、今でも世界中からシロハヤブサなども含めたハヤブサのなかまを集め、スポーツのように鷹狩を楽しんでいます。獲物をとる猛禽類は鷹狩ではなくとも、飛ばす訓練をすることができます。最近では鷹匠技術を応用して、鳥の飛翔を見てもらう動物園があります。この飛翔ショーにはワシやタカだけでなくフクロウのなかまも使われ、高速で飛ぶハヤブサも使われています。鷹匠の技術は、保護された猛禽のリハビリや飼育下で殖やした希少な猛禽の野生復帰などにも使われ、歴史ある鷹狩が新しい分野で注目を浴びるようになりました。

鷹匠技術で訓練し、ショーに使われているワシミミズクのなかま

トラツグミ（ヌエ）

警察沙汰になったトラツグミの鳴き声

初夏から夏にかけて、薄暗くなると「ヒュー、ヒュー、ヒョー」と薄気味悪い声を聞くことがあります。この口笛のような声は、夜の闇から聞こえてくるので、よくお化け騒ぎの原因になりました。正体はトラツグミという鳥で、繁殖期を迎え、なわばりを主張し、伴侶（はんりょ）を探すために鳴いているのです。トラツグミは日本で一番大きなツグミで、平地から山地の森林に生息しています。

トラツグミはあまり長距離の渡りをせず、初夏のころに山地の林で繁殖し、冬は低地の雑木林などで過ごすので、都会の公園でも観察できます。多摩動物公園でも、雑木林の林床（りんしょう）で落葉をガサゴソとめくっては好物のミミズをついばんでいる姿をよく見ました。私が飼育係をしていたころ、ロバのふんを集め落葉と混ぜて堆肥（たいひ）にして積んでおくと、冬になってかならずトラツグミがミミズ掘りにきたものです。

春、繁殖のために低地から山地に移動するときに、通過する都会の公園などにしばらくとどまることがあります。こんなとき、毎晩「ヒュー、ヒュー」と不気

トラツグミは雑食で木の実も食べる。

味な声で鳴くものですから、お化け騒ぎやUFO騒ぎになってしまうのです。私は富士山麓（さんろく）にある、鳥を調査するための小屋で、夕方から明け方にかけて夜通し鳴くトラツグミの声を聴いていたことがあります。耳をそばだてていると明らかに2方向から鳴き声が聴こえてきます。2羽がいるに違いないと思えたのは、それぞれの鳴き声は、はっきりと異なって聴こえたからです。1羽は、よくいわれているようにお化け騒動の原因になるヒュー・ヒュー声ですが、もう1羽は「キーン・キーン」という金属音に聴こえました。これが都内の公園でパトカーまで出動させたUFO騒ぎの音だったのだと直感したものです。

トラツグミは昔から鵺鳥、鵺鶫、鬼鶫、地獄鳥とよばれ、怪鳥ヌエの正体とされてきました。ヌエは漢字では、「鵺」とも「鵼」とも書き、初夏のころから悪天候の暗い日や夜に鳴き、夏の季語にもなっています。トラツグミの鳴き声の不気味さは、昔の人も同じように感じていたようで、夜鳴く正体不明の怪鳥ヌエの怪異談を生みました。有名なのは『平家物語』に出てくる鵺退治です。平安時代、病床の近衛天皇は、夜中の丑の刻になると森から聞こえてくる不気味な声に、夜ごと苦しめられていました。御所を警護していた源頼政は闇のなかから聞こえてくるヌエの声めがけて矢を放ち、家来の猪早太が怪物をしとめたのです。怪物の正体は、頭はサル、体はタヌキ、尾はヘビ、手足はトラのようで、この話がトラツグミをヌエという怪物に仕立てたようです。ヌエともよばれていたトラツグミは『古事記』や『万葉集』にも詠まれ、日本人には古くから知られた鳥だったのです。江戸〜明治時代には歌川国芳、月岡芳年らによりヌエの図が想像力豊かに描かれています。

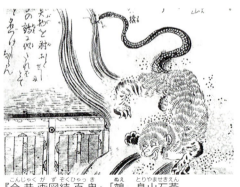

『今昔画図続百鬼』「鵺」鳥山石燕

[上]『木曽街道六十九次』「京都 鵺 大尾」歌川国芳
[下]『新形三十六怪撰』「内裏に猪早太鵺を刺図」月岡芳年

ウグイス・ホトトギス

ウグイスは日本三鳴鳥のひとつ

　カナリアやブンチョウなど外国からの小鳥が輸入され、ふつうに飼われる以前、日本人が飼って楽しんでいたのは日本に生息している小鳥でした。外国からはいった飼い鳥を洋鳥というのに対し、今でも日本産の野鳥を和鳥とよぶことがあります。和鳥はさえずりの声を楽しむのが第一ですが、姿や動作を楽しませるものもいました。さえずり声を楽しむなかで名鳥とされたのが、ウグイス、コマドリ、オオルリの3種で日本三鳴鳥とよばれています。室町時代の『三十二番職人歌合絵巻』に職業として「鶯飼」が取り上げられていることから、当時すでにウグイスなどを飼育してさえずりを楽しむことがおこなわれていたことがわかります。

　さえずるのはオスで、オオルリのようにオスだけが瑠璃色の美しい羽をもっている小鳥も多く、飼われる和鳥はオスだけでした。したがって繁殖はおこなわれず、野山で捕獲した鳥を飼い、さえずりが下手な若いオスは、じょうずなオスの声を聴かせて学習をさせることもおこなわれていました。江戸時代、ウグイスの産地としては奈良が第一とされ、関東のウグイスは関西に比べ声が濁り劣るとされていました。元禄のころ、上野の院主・公弁法親王は、京都から3500羽のウグイスを取り寄せて、上野界隈根岸の里に放したとされます。根岸の里はウグイスの名所となり「初音の里」ともよばれ、現在も鶯谷の名が残っているのです。

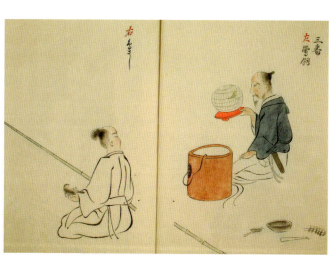

『三十二番職人歌合絵巻』の「鶯飼」

日本人は昔からウグイスの「ホーホケキョ」というさえずり声を楽しんできました。江戸時代には、ウグイスを正月に鳴かせるため、ロウソクの灯りによる「炙り」もおこなわれていました。正月が近くなると、毎晩、かごをロウソクの照明の下に置きます。光を浴びる時間をだんだん長くしていき、正月にウグイスが繁殖期の春が近づいていると勘違いするように仕向けたのです。ウグイスは梅の花を見て鳴くのではなく、長日条件をつくることで脳下垂体が刺激され生殖ホルモンが分泌されると鳴きはじめるわけです。おそらく、当時の鳥飼がウグイスの繁殖へのメカニズムを知っていたわけではないと思います。ウグイスの炙りは、野生と飼育の両面の観察を通じて編み出した先人の知恵だったのでしょう。ニワトリの産卵効率を上げるためにおこなわれている現代の点灯飼育に通ずる手法です。

　ウグイスは春先から初夏のころ豊富に発生する昆虫やクモなどが主食で、ひなもこうした動物質のえさで育てます。秋や冬になると木の実や果実など植物質も食べる雑食性の鳥です。ウグイスだけでなく和鳥を飼うときは昆虫の代用食になる「すり餌」を与えます。すり餌は江戸時代から使われている日本独特の優れた人工飼料です。米ぬか、玄米粉にフナなどの淡水魚を原料にした魚粉を混ぜた粉末で、コマツナやハコベなどの青菜といっしょにすり鉢ですってつくるのです。現在は冷蔵庫があり保存がききますが、魚粉もはいっていて腐りやすく、昔は毎日つくって与えていました。私も新米飼育係のころ、たくさん飼われている小鳥たちのために、大きなすり鉢で毎朝すり餌づくりをしたものです。

ウグイス

ウグイスにひなを育てさせるホトトギス

　鳴き声を楽しむという点でウグイスのライバルだったのがホトトギスです。平安時代の『拾遺和歌集』ではウグイス派とホトトギス派による優劣を論じた歌がのっています。「鳴かぬなら殺してしまえホトトギス」「鳴かぬなら鳴かせてみせようホトトギス」「鳴かぬなら鳴くまで待とうホトトギス」は戦国時代の信長、秀吉、

家康の人となりをあらわすたとえによく使われます。ウグイスではなくホトトギスが使われたのは、山々にこだまするように大きな迫力のある声で鳴くからだったのでしょう。

ホトトギスの主食は毛虫で、飼うのは難しいのですがえさにはすり餌を使います。毛虫のいない冬は南に渡る夏鳥ですが、繁殖期にはウグイスのいる場所にあらわれます。なぜなら、メスはウグイスの巣に卵を産みつけて、ウグイスにひなを育ててもらうのです。この他人を頼る繁殖方法は托卵（たくらん）といわれ、ホトトギスをはじめカッコウのなかまに知られています。ホトトギスの卵はウグイスと同じチョコレート色で、ウグイスは自分の卵と思い、卵を温め、ウグイスと同じ口内模様のホトトギスのひなにせっせと虫を運んで育てるのです。ホトトギスには通常の羽色以外に赤い羽色のものもいて、赤いタイプはすべてメスですが、『梅園禽譜（ばいえんきんぷ）』ではきちんと両タイプが描き分けられています。

［上］大きな声で鳴いているホトトギス
［下］ウグイスの巣とチョコレート色の卵

『梅園禽譜（ばいえんきんぷ）』に描かれた
ホトトギスのオスとメス

ヤマガラ

ヤマガラは日本周辺にしかいない鳥

　東京の郊外、八王子の我が家では、冬の間だけ庭のえさ台にパンくずやヒマワリの種などを置くので、野鳥でにぎわいます。常連はキジバト、ヒヨドリ、スズメ、メジロ、シジュウカラの5種類です。シジュウカラの目当てはヒマワリの種で、小さな穴を開けたペットボトルに詰めた種をじょうずに引っ張り出します。近くの決まった枝に止まり、足指で種を押さえ、くちばしでついて殻を割り、中身を食べています。

　シジュウカラのなかまにヤマガラがいます。シジュウカラは灰色系の羽色ですが、ヤマガラは茶色系で、大きさや体形はシジュウカラによく似た小鳥です。シジュウカラは都会の公園でも見られ、街にもすんでいますが、ヤマガラは林や森に生息しているので、残念ながら我が家にきたことはありません。常緑広葉樹林に多いので、近くの高尾山にいくと見ることができます。

　私はヤマガラを小学校にはいる前に見たことがあり、鮮明に記憶しています。その場所は鎌倉の鶴岡八幡宮（つるがおかはちまんぐう）の境内でした。見たのは野生のヤマガラではなく、境内で「おみくじ引き」の芸をしていたヤマガラです。どうして記憶に残っているかといえば、「ヤマガラがおみくじを引くときにかごから出てくるのに、なぜ逃げないのだろうか。飛んでいってしまわないのだろうか」と不思議な気持ちで見ていたからなのです。

　飼育して楽しむいろいろな小鳥が外国から輸入される以前は、日本では野山に生息する小鳥を捕まえて楽しんでいました。ウグイスをはじめ多くの小鳥は、鳴き声、特に春先から初夏のころのオスのさえずりを楽しむために飼われました。多くの飼い鳥のなかでヤマガラは特異な小鳥でした。動作を楽しみ、芸を仕こみ、その芸を人に見せる見世物としてならし

ヤマガラ

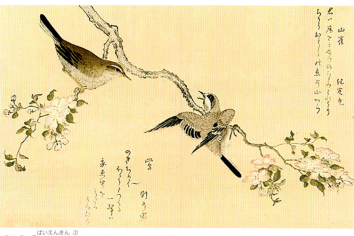

［左］『梅園禽譜』に描かれたヤマガラ
［右］『山雀と鶯』喜多川歌麿

て楽しんでいたのです。『梅園禽譜』にも記載され、喜多川歌麿も飼い鳥として人気のあったウグイスと並べて描いています。

ヤマガラは日本ではふつうの鳥で、全国に生息しています。日本以外では台湾と朝鮮半島にしかいない鳥で、世界地図で見れば日本を中心にごく限られた地域の鳥なのです。昆虫や木の実を食べ、かたいドングリやヒマワリの種を両足にはさんで、くちばしで割って食べます。くちばしは小さいのですがかたく頑丈です。調査で捕まえ、網から外すときに指先をつつかれると、ドングリを割るだけのことはあるという痛さです。秋にドングリを樹皮のすき間や土のなかに埋め、冬の食料として貯えます。ドングリを割るために足で押さえたり、貯めるためにすき間にはさんだり、くちばしで運んだりする習性をうまく引き出して、「おみくじ引き」を仕こんだのです。

［上］ヤマガラ芸は足でえさを押さえて食べる性質を応用している。
［下］ヤマガラの、すき間への貯食行動も芸に応用されている。

消えてしまった「ヤマガラのおみくじ」

　鎌倉時代の歌集のなかに、野生のヤマガラを詠んだものだけでなく、飼育されたり、芸をしたりしている様子が詠まれたものもあり、当時から動きを楽しむために飼われていたようです。鎌倉時代の記録は和歌などに出てくるもので、貴族が飼っていたものと考えられます。江戸時代になると、小鳥を飼うことも大衆化し、ヤマガラの芸も様々なものがありました。「つるべ上げ」とか「水くみ」とよばれた代表的な芸は、垂らした糸の片方につるべ、もう片方にクルミをぶら下げ、ヤマガラがくちばしと足でたぐり寄せるというものです。ヤマガラの行動をうまく芸に見えるように仕こんであります。私が子どものころ見て、記憶に残っている「おみくじ引き」は江戸時代にはなかった新しい芸で、昭和の時代に、神社の境内などでおこなわれていたものといわれています。

　昭和の後半になって、急速にヤマガラの芸は廃れていきました。ひとつには野鳥を飼うことが制限され、種類によっては飼育できなくなりました。ヤマガラを飼うのも許可が必要でたくさん捕獲して、そのなかから素質のあるものを選ぶようなことはできなくなったのです。自然保護思想の普及で仕方がないことでしたが、ヤマガラそのものも知る人は減り、芸の衰退につながりました。今では、ヤマガラを調教できる人はいなくなり、「おみくじ引き」も見ることができなくなったのです。

浅草のヤマガラの「おみくじ引き」、1948年 （R.スティールコレクション／毎日新聞社提供）

ツバメ・アマツバメ

日本人はいつもツバメを大事にしてきた

ツバメは日本で繁殖し、冬にえさの虫がいなくなると、南の国に渡り越冬して、春になると、また生まれ故郷の日本に帰ってきます。ツバメは人家など、人の生活する身近な場所に巣をかけます。最近では高速道路のサービスエリアや道の駅の建物によく巣をかけるので、ツバメの巣を見たことがある人は多いはずです。「ツバメが巣をかけると家は繁盛する」といわれるのは、農作物の害虫を食べてくれるツバメの存在は豊作につながるからで、農家の人たちは特にツバメを大事にしてきたのです。

ツバメは田畑の上を飛びまわりながら虫を捕らえて食べ、巣に運びひなに与えます。「ツバメが低く飛べば雨近し」ということわざもあります。昔の人々は鳥、虫、植物など生きものを見て天気を予知し、ツバメが低く飛ぶと雨が降り、高く飛ぶと晴れるというのです。低気圧が近づくと湿度が上がるため、虫が出てきて田畑の低い位置を飛びまわります。そこをねらって、ツバメは低空飛行でえさの虫を捕るわけで、理にかなっているのです。歌川広重の『名所江戸百景』の「鎧の渡し小網町」には川面を飛ぶツバメが描かれています。

『名所江戸百景』「鎧の渡し小網町」歌川広重

中華料理の高級食材にツバメの巣があります。ツバメの泥の巣があんなにおいしいスープになるなんて不思議ですね。横浜の中華街で、乾物屋の店先をのぞくとフカヒレ、キクラゲなど高級食材の一角に燕窩というツバメの巣が結構な高値で売られています。燕窩は家の軒先にできるツバメの巣ではありません。ツバメは、田んぼや水たまりのぬかるんだ土を小さな団子にしてくちばしにつまんで運び、わらくずなどを混ぜて巣をつくるのです。幕末から明治の画家、小林永濯の『竹取物語　かぐや姫、樵の娘』には昔から人家の軒先などに土の巣をかけたツバメの様子が描かれています。燕窩は東南アジアなどに生息している、ショクヨウアナツバメなど数種類のアナツバメの巣です。ショクヨウアナツバメは日本でも繁殖しているアマツバメのなかまで、海上の小島や海岸の洞窟の壁に、唾液で巣

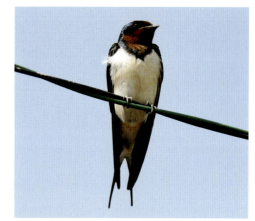

[上] ツバメ
[下] ひなにえさを運ぶツバメの親。巣は泥でできている。

『竹取物語　かぐや姫、樵の娘』小林永濯

高級食材「ツバメの巣」は、食べられるショクヨウアナツバメなどの巣をつくります。この巣が中華料理の高級食材になるツバメの巣なのです。

ツバメはスズメやカラスと同じスズメ目の鳥ですが、アマツバメはヨタカやハチドリと同じヨタカ目の鳥でツバメとは親戚ではありません。日本では3種のアマツバメが繁殖していますが、どの巣も食用にはなりません。アマツバメは空中を飛び続けながら暮らし、繁殖期にだけ海岸や高山の断崖にとまり、巣材の枯れ草や羽も空中で集め、岩壁に唾液で張りつけて巣をつくり集団繁殖します。ハリオアマツバメは本州中部以北の森林で樹洞に巣をつくる夏鳥です。ハリオアマツバメは世界一速く飛ぶ鳥で、流線型の体と長い翼で時速170キロの速さで飛行します。私は山の峠を越えるハリオアマツバメが近づいてきたとき「シュー」という風を切る音が一瞬聴こえ、高速での飛翔を実感したことがあります。

もう一種のヒメアマツバメは昔の日本の図鑑にはのっていません。もともと台湾から東南アジアで繁殖している鳥ですが、1967（昭和42）年に日本で突然繁殖しているのが見つかり、今では太平洋岸の暖かい地方に留鳥として定着しています。私の住む東京の八王子周辺でも、鉄道の高架下などのイワツバメの巣を乗っ取り営巣していましたし、都心のビル街でも繁殖が確認されています。人為的ではなく自然に分布が北上し、広がったということは、地球温暖化が鳥の分布にも影響しているのではと思わずにはいられません。

高速で飛びながら空中で巣材を集めるアマツバメ（入江正己氏提供）

ジュウシマツ・ブンチョウ・カナリア

野生のジュウシマツは存在しない

　ジュウシマツは最もポピュラーな飼い鳥です。こんなにふつうに飼える小鳥なのに、世界中どこを探しても野生では見ることができません。ジュウシマツは江戸時代に日本でつくられた飼い鳥で、中国から輸入された祖先を改良してできた、野生には存在しない小鳥なのです。熱帯アジアに広く分布するコシジロキンパラのなかで、中国南部に生息している「ダンドク」という焦げ茶色の小鳥が祖先の原種です。『梅園禽譜』には文鳥と並んで、檀特鳥と書きタンドクと記載されています。いろいろな羽色や姿のジュウシマツのなかに、ときどきダンドクそっくりなジュウシマツが生まれるので、そう考えられています。

　声も姿もそれほど美しくないジュウシマツが人気があるのは、何羽も同居させても仲よくしていて、丈夫で飼いやすいからです。私がはじめて飼った鳥もジュウシマツで、初心者でも簡単に殖やすことができます。小学校3年生のときに母の実家に引っ越し、祖母が飼っているジュウシマツの世話の手伝いをはじめました。ジュウシマツは子どもの私の世話でも、よく殖えて30羽くらいになりました。ジュウシマツは漢字で、十姉妹と書きます。十姉妹は「十人の姉妹」という意味で、なかまどうし仲がよく、たくさん飼ってもけんかせず、よく繁殖するのでこの名がつきました。英語名のSociety Finchも、「社交的な鳥」という同じ意味合いの言葉です。

『梅園禽譜』に描かれた、ジュウシマツの原種「ダンドク」と並文鳥

ジュウシマツは初心者向きの小鳥ですが、専門家にもなくてはならない小鳥です。子育てが下手で、値段も高いコキンチョウやキンセイチョウなどの仮親(かりおや)として使うのです。ジュウシマツは、高級フィンチとよばれる美しい羽の小鳥たちの卵をかえし、ひなをじょうずに育ててくれます。動物園でも展示とは別に、裏でジュウシマツを飼育して、卵を抱かない小鳥の仮親として使っていました。

ジュウシマツ

白文鳥は突然変異で生まれた

ジュウシマツとならんで飼いやすい小鳥にブンチョウがいます。ブンチョウがはじめて渡来したのは江戸寛永(かんえい)年間、3代将軍徳川家光のころオランダ船により伝えられたとされます。ブンチョウはインドネシアのジャワ島に、野生種が今も生息し英名も Java Sparrow です。『梅園禽譜(きんぷ)』や佐竹曙山(さたけしょざん)の『椿に文鳥図(つばきにぶんちょうず)』に描かれているのは改良されていない野生種の並文鳥(なみぶんちょう)で、これをもとに日本で改良されました。特に、白文鳥(はくぶんちょう)は愛知県弥富市(やとみし)、当時の又八新田村(またはちしんでん)で、突然変異でできた品種です。現在、ペット屋さんで売られている桜文鳥(さくらぶんちょう)も並文鳥と白文鳥の交配でつくられた品種です。弥富市は金魚の産地として有名ですが、ブンチョウも村の農家の副業として盛んに飼われ、世界中に輸出されていました。野生種である並文鳥はお米の害鳥として嫌われていましたが、駆除と輸出で数が減り、現在はジャワ島からの輸出も禁止になり、日本のペット屋さん

『椿に文鳥図(つばきぶんちょうず)』佐竹曙山(さたけしょざん)

又八新田村でつくられた白文鳥

頭に白い斑点のある桜文鳥

でも見かけなくなりました。

　ブンチョウは孵化して2週間くらいのひなからならすと手のりになります。私は中学生のときに手のり文鳥を育てました。よくなれたので、得意になって部屋の外で手にのせ、頭にのせて遊んでいたら、イヌに驚き飛んでしまい、逃げられてしまったことを思い出します。

　ジュウシマツ、ブンチョウに続いてカナリアも、18世紀初期の江戸宝永年間に唐船によりはじめてもたらされた記録が残っています。西アフリカのカナリア諸島原産のカナリアは、16世紀にはヨーロッパで飼い鳥として繁殖していました。江戸時代の外国からの飼い鳥は、中国や東南アジアからのオランダ船や唐船で運ばれ、そのなかにカナリアもはいっていたのです。日本でもカナリアが殖やせるようになり、江戸中期には飼い鳥として普及していました。『南総里見八犬伝』の著者である滝沢馬琴は「鳥飼」としても有名で、いろいろな鳥を飼育していたことは、日記や書簡から知られています。そのなかにはカナリアも含まれ、飼い方に関しても詳しく記述されているのです。寛政年間に出版された伊勢長島藩五代藩主、増山正賢が雅号「雪斎」として残した『百鳥図』には黄色や白や斑のカナリアが「金有鳥」として描かれています。

カナリア

オウム・インコ・キュウカンチョウ

『日本書紀』の時代から親しまれてきた物まね鳥

オウムのなかまは世界中に400種近くが知られている大きなグループです。大型で羽の白いものや黒いものをオウムとよび、中型から小型の赤や黄色、緑色のカラフルな羽色のものをインコとよんでいます。ほとんどが世界中の熱帯や亜熱帯の暖かい地域に分布し、一部が南米南端、オーストラリア南岸、ニュージーランドなど温帯域にも生息しています。カラフルな鳥が多く、人の言葉をまねることから飼い鳥としても昔から人気がありました。オウムは鸚鵡と書き、『日本書紀』の時代から記述があり、中国や東南アジアから貢物などとしてはいってきたのです。インコは鸚哥と書きますが、鸚哥の記述は江戸時代になってから使われ

『老松鸚鵡図』伊藤若冲

伊藤若冲の絵のモデルになったオオバタン

るようになり、それ以前はインコもオウムとして扱われていたようです。

伊藤若冲の1760（宝暦10）年ころの作とされる『老松鸚鵡図』にはオオバタンと思われる白いオウムが2羽と1羽のオスのオオハナインコがみごとに描かれています。ジャワ島のジャカルタ市はかつてバタヴィアとよばれ、バタヴィアからオウムが輸出されたためバタン鳥とよばれるようになったようです。『梅園禽譜』に記載されたシロビタイムジオウムは、巴旦鳥と記載されています。今でも、白いオウムはオオバタン、キバタン、コバタン、テンジクバタンなどの和名でよばれています。緑色のインコはニューギニアと周辺の島々に分布する、オオハナインコのオスです。オオハナインコはオスとメスで羽色がまったく異なるため、長い間、別種と思われていて、赤紫色のメスにはオオムラサキインコという別名がつけられていました。

江戸末期に描かれた毛利梅園の『梅園禽譜』、尾張藩士・水谷豊文の『水谷禽譜』、作者不明の『外国珍禽異鳥図』や『外国産鳥之図』などにはいろいろな種類のインコが描かれています。ほとんどが、東南アジアからニューギニア、オーストラリアに生息する種類で、オランダ船や唐船により運ばれたものです。しかし、このなかには南米産のボウシインコやアフリカのヨウムも描かれています。インコやオウムは寿命が長く、ギネスブックには85年生きたテンジクバタンが記載されています。寿命が長く、言葉をしゃべるため船員のペットとして船にのせられたことも多く、まわりまわって日本に到着したのではないでしょうか。

［上］緑色のインコのモデルはオスのオオハナインコ
［下］オオムラサキインコと呼ばれていた、赤紫色のメスのオオハナインコ

オウムやインコは、舌が厚く自由に動き、人ののどにあたる鳴管のまわりの筋肉が発達しているので、じょうずに人の言葉をまねることができます。昔から羽色を楽しむとともに人の言葉を覚えさせて楽しんできました。オウムと同じように物まねを楽しむために飼われてきたのがキュウカンチョウです。キュウカンチョウは1612（慶長17）年にオランダ人が徳川家康に贈ったとされています。『梅園禽譜』にも描かれ、秦告了、サルカ、キウガンの3つの名前が記述されています。キュウカンチョウはムクドリ科の鳥で、同じなかまのハッカチョウは中国ではよく飼われていました。江戸時代には日本にも輸入され『百鳥図』などの図譜にのり、水墨画にもよく描かれました。

『梅園禽譜』に巴旦鳥として記載されたシロビタイムジオウム

『梅園禽譜』に大紫音呼と記載されている、オオハナインコのメス

『梅園禽譜』に秦告了、サルカ、キウガンの名で記載されたキュウカンチョウ

ハト

ハトは古代バビロニアで家禽化された

　ハトのなかまは世界中に350種以上が知られています。このなかで、カワラバトという中国から西アジア、北アフリカ、ヨーロッパに分布する野生のハトを飼いならしたのが、伝書鳩やドバトなどの家禽のハトです。古代バビロニアのシュメール人によって食用にするために家禽化されたと考えられています。紀元前3000年ころにはエジプトやペルシャで飼われ、ローマ皇帝ネロは戦車レースの結果を知らせるのにハトを使ったといわれています。カワラバトはもともと断崖などに集団営巣していました。ドバトが鉄道の高架の橋げたやビルのひさしなどに群れ、巣をかけるのは、祖先種カワラバトの名残なのです。

　ノアの大洪水後に、ハトがオリーブの葉をくわえてきたことで、陸地が見つかったと『旧約聖書』に記されています。この逸話から、オリーブをくわえたハトが平和のシンボルになりました。日本ではハトが武神である八幡大菩薩の使いとして尊ばれていたことが、『源平盛衰記』や『太平記』などに記されています。ハトの紋章は、2羽のハトが向かい合っていて八幡神の「八」の字をあらわしているのが由縁のようです。少なくとも平安時代にはすでにハトは日本にはいっていて、鎌倉時代になると飼育だけでなく「鳩合」という記述が見つかります。鳩合はハトの自慢比べだったとすると、姿や鳴き声よりも速さを競った鳩レースだったのではと想像がふくらみます。喜多川歌麿の絵やシーボルトの絵師川原慶賀の画から、江戸時代にはドバトとして日本に定着していたことがわかります。

家禽になったハトの原種カワラバト

喜多川歌麿の描いた「鳩」は3羽のドバト

　ハトは飛翔力を弱めずに家禽化された唯一の家禽で、通信用、愛玩用、食用などの多様な品種ができています。ハトの帰巣本能を利用し通信文を運んでいたのが伝書鳩です。500キロ以上の距離でも、優秀なハトは鳩舎に戻る能力があります。第二次世界大戦まで伝書鳩は戦場の情報通信手段として使われ、戦後も新聞社などで活躍し、情報を運んでいました。通信機器の発達した現代では、レース鳩として飼われています。私は小学校の5、6年のときに屋上に飼われていたハト係をしていました。ハトの能力を確認したくて、ハトを遠足に連れていき、川崎の自動車工場で放しました。文京区小日向の小学校へは、私たちより先に戻っていて、感激したことがなつかしく思い出されます。

ハトはペットか、食用か？

　愛玩用のクジャクバトなどいろいろな羽や色をしたハトも欧米では盛んに飼われています。ダーウィンの進化論のヒントになった生きもののひとつが、この愛玩用のハトでした。愛玩鳩には不自然な体型やくちばし、多くの羽色、羽の形や大きさの変化、足の羽毛の有無など様々な変異があり、ダーウィンも実際に飼育して繁殖させ研究していたのです。江戸時

愛玩用に作られたクジャクバト

740グラムにも育つ
食用鳩のキング種

代には愛玩用のハトも様々な品種が輸入されて江戸城で飼われていて『鳩小禽等図』に様々なハトの絵が残されています。

食用鳩は日本人にはなじみがありませんが、中華料理やフランス料理ではハトはふつうの食材です。フランスなどでは大型の食用鳩の品種が増殖され、出荷され市場にぶら下がっています。ドバトの体重は300グラム程度ですが、フランスの食用鳩カルノーは670グラム、アメリカのキングは740グラムにもなります。

17世紀末に書かれた人見必大の『本朝食鑑』ではハトを「鵓」と書き、鵓は家鳩としています。野生のキジバトやアオバトと区別し家禽のハトとして鵓の言葉を使い、養鵓ともよんでいました。再野生化した家鳩は、お寺や神社の屋根に集まるため、「堂鳩」の字が当てられ、ドバトとよばれるようになったのです。

手品師の懐やそでから出てくる白い小型のギンバトは、ジュズカケバトやシラコバトのなかまが祖先で、伝書鳩やドバトなどとは別種のハトです。シラコバトは関東地方の一部に生息していますが、もともと日本のハトではなく江戸時代に鷹狩の獲物にするため放たれて定着した外来種です。

橋本関雪の描いた『枝上の鳩』はシラコバト

クジャク

インドクジャクとマクジャクの違いは？

クジャクは紀元前1000年ごろのソロモン王の時代には、中近東で売買されていた記録があり、すでに人に飼われる家禽的な鳥になっていたようです。生息地のインドでは、古い時代からヒンドゥー教の神聖な鳥として寺院で大事にされていました。ヨーロッパでも、紀元前から飼われていました。ローマ時代から中世にかけては、食用としても飼育されていましたが、シチメンチョウの登場で、食肉鳥としての地位はとって代わられたとされます。

クジャクにはインドクジャクとマクジャクの2種があり、古くからヨーロッパで飼われ、現代の日本でもよく目にするのはインドクジャクです。白クジャク、斑クジャクもインドクジャクの色変わり品種です。598（推古天皇6）年、新羅王がクジャク1羽を献じ、天皇は「その美麗なるを奇」とされたことが『扶桑略記』に記されています。飛鳥時代初頭に日本に最初にもたらされたこのクジャクは、マクジャクだったと考えられます。この2種は頭にある冠羽の形で簡単に見分けられます。正倉院に残る幡とよばれ

[上] 冠羽が扇子状のインドクジャク
[下] 冠羽が束状のマクジャク

る飾り布の刺繍は、冠羽が束状に立っているマクジャクで、扇子状のインドクジャクではないのです。

江戸時代の孔雀茶屋などで見世物になったのは、インドクジャクより大型のマクジャクです。江戸時代に描かれた円山応挙（まるやまおうきょ）の『牡丹孔雀図（ぼたんくじゃくず）』など、クジャクの絵はすべてマクジャクなのです。マクジャクは中国南部やベトナムにも分布するので、南蛮船で日本にもたらされていました。伊藤若冲（いとうじゃくちゅう）の『老松孔雀図（ろうしょうくじゃくず）』も白いマクジャクで、インドクジャクの白変種の白クジャクではありません。この白いマクジャクは想像で描かれたものと思われ、長い上尾筒（じょうびとう）の羽の珠模様だけが彩色され、うまく強調されているのが印象的です。スウェーデンの生物学者リンネは1766年にマクジャクに学名をつけましたが、産地Java（ジャワ）をJapan（ジャパン）と誤って記載しています。日本は江戸の元禄（げんろく）文化が花開いた時代に、孔雀茶屋でクジャクが見世物になり、孔雀図に描かれた絵図の情報が、リンネのもとに届いていたのかもしれません。

白クジャクはインドクジャクの白変品種

クジャクの珠模様の長い羽は、尾羽（おばね）の上に生える上尾筒とよばれるものです。尾羽と間違われますが、本物の尾羽は茶色く、羽を広げたときに上尾筒を支えています。多摩動物公園では開園当初の1958（昭和33）年からクジャクを放し飼いにしていました。オスのクジャクが羽を広げるのは春から初夏にかけての繁殖シーズンです。放し飼いのクジャクが園路や広場で、お客さんの目の前で羽を広げ、人気がありました。長くきれいな上尾筒は、夏には落ちるので、夏休みに羽を拾う運のよいお客さんもいました。秋のオスは大きめのメスといった姿になり、翌春に向けて新しい上尾筒が伸びてきます。

羽を広げたマクジャクのオス

『牡丹孔雀図』円山応挙

『老松孔雀図』伊藤若冲

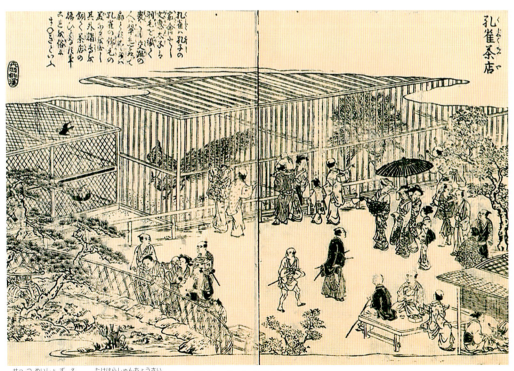

『摂津名所図会』(竹原春朝斎画)に描かれた孔雀茶屋

シチメンチョウ・ホロホロチョウ

シチメンチョウは、七つの顔色をもつ

　シチメンチョウは江戸時代にオランダ人によって日本にもたらされ、オランダ語からカラクンとかカラクムとよばれていました。江戸時代末期の『薩摩鳥譜図巻』にカラクンの名でオスとメスのシチメンチョウが描かれています。興奮すると顔や肉垂れの色が、赤、紫、青などに変化するので、「七つの顔色をもつ鳥」として、七面鳥というぴったりな和名がつけられました。私もシチメンチョウを飼育したことがあり、前日まで赤い顔だったオスが紫色になり、そのうち真っ青になったので、あわてて入院させたことがあります。1週間ほどで、顔色に紅が戻ったので退院させ、なるほど七面鳥だなと感心したことがありました。

　シチメンチョウはクリスマスに欠かせないごちそうです。世界中に2億羽以上、アメリカやフランスなどで盛んに飼われています。日本では戦後、新しいタンパク源として年間数万羽を生産した時期があります。しかし、肉質が日本人の嗜好には合わなかったようで、現在では産業的な飼育はほとんどなくなりました。

　シチメンチョウは中米に生息するヤセイシチメンチョウが祖先で、15世紀コロンブスがアメリカ大陸を発見したとき先住民が飼っていて、すでに家禽になっていました。ヤセイシチメンチョウはバーボン・ウイス

『薩摩鳥譜図巻』に、「カラクン雄・雌」として描かれているオスのシチメンチョウ

冷静な時のシチメンチョウの顔

興奮すると一瞬で顔が真っ赤になる。

キーの銘柄、ワイルドターキーのラベルになっている、アメリカ人にはなじみの鳥です。シチメンチョウはアメリカ大陸由来なのに、英語ではなぜターキーすなわち「トルコの鳥」とよぶのでしょうか。

シチメンチョウがヨーロッパにもたらされたのは16世紀になってからです。それ以前、アフリカからトルコを経由してヨーロッパに伝わったのがホロホロチョウです。英国では当時ホロホロチョウを「ターキー・コック」とよんでいたのです。肉量が多いシチメンチョウの飼育が盛んになり、いつのまにかシチメンチョウがターキーとよばれるようになったといわれています。

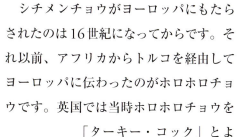
ワイルドターキーの名で親しまれている、原種のヤセイシチメンチョウ

ホロホロチョウは、江戸時代にやってきた

ホロホロチョウはアフリカのサバンナに生息するカブトホロホロチョウを家禽化したもので、紀元前2400年ころのエジプトのピラミッドの壁画にも描かれ、古くから飼育されていました。古代ギリシャ・ローマでも飼育されていて、13世紀にはスペインにもたらされ、その後ヨーロッパに広がりました。日本には江戸時代、1819（文政2）年にはじめて渡来しました。江戸末期の『外国珍禽異鳥図』にポルポラアト鳥として記載されています。

ホロホロチョウの学名は、ギリシャ神話の英雄メレアゲルに由来しています。メレアゲルの不慮の死を悲しんだ姉妹がホロホロチョウに化身し、黒衣に落とした涙が、羽根の美しい白斑になったと伝えられています。英名はギニアフォールですが、ギニア鶏と直訳せず、この伝説を解してホロホロチョウという和名がつきました。シチメンチョウもホロホロチョウも、粋な本草学者がつけた素敵な和名だと思います。

ホロホロチョウの原種、カブトホロホロチョウ

『外国珍禽異鳥図』に描かれているホロホロチョウ

ダチョウ・ヒクイドリ・エミュー

江戸時代にはヒクイドリと勘違いされていたダチョウ

　ダチョウは江戸時代の蘭学者、大槻玄沢の『蘭説弁惑』に図入りでのっています。もっと古い本草書にも駝鳥が出てきますが、多くは3本指のヒクイドリなのです。ヒクイドリは江戸時代から何回か日本にもたらされ見世物にされ、食火鳥として写生図も残っています。当時、大鳥の見世物として駝鳥とされているものもヒクイドリだったようで、1789（寛政元）年に長崎に舶来し、大坂や江戸で見世物になったヒクイドリの図は「駝鳥之図」と記されています。江戸時代末期に出版された『薩摩鳥譜図巻』のヒクイドリの絵は正確ですが、陀鳥と記載されているのです。当時オランダ領があったインドネシアからオランダ船によってもたらされたのです。ニューギニアではヒクイドリをひなのときに捕まえて育て、大きくしてから食用にしていました。人の住む家のなかで育てるので人間に刷りこまれてしまい、人なれしたヒクイドリに育つため、江戸時代でも南蛮船で日本ま

最大の鳥であるダチョウのオス（右）とメス（左）

ヒクイドリの足指は3本

で運ぶことは案外容易だったのです。私が飼育したヒクイドリも人に刷りこまれ、なれていて人を怖がらず、足でけられそうになったこともありました。えさを与えに囲いにはいるときは、剣のような爪でけられないように、板の盾をもって世話をしたものです。

ヒクイドリは火喰鳥とも書きますが、この名の由来には3つの説があります。ヒクイドリは光物なら、クギ、ブリキさらには石炭の燃え殻など何でも飲みこんでしまうので、燃えている火さえも喰うというのが第1の説です。幕末から明治時代の学者、伊藤圭介編の『錦窠禽譜』には燃え殻をヒクイドリに食べさせようとしている図がのっています。第2説は、ヒクイドリの首には赤い肉垂れがあり、これが火の色であたかも火を喰っているように見えるというものです。第3説は、英名のカスワリーを"かしょくどり"すなわち火喰鳥と発音し、当てたのがヒクイドリになったという説です。

『薩摩鳥譜図巻』に陀鳥として描かれたヒクイドリ

『錦窠禽譜』には、ヒクイドリに燃え殻を与える図がのっている。

エミューは、ダチョウに次ぐ大鳥

ダチョウより少し早く、1899（明治32）年にダチョウに次ぐ大鳥のエミューが上野動物園にきました。シドニー動物園との動物交換で1羽が贈られてきたのです。この交換がうまく進んだのは川田龍吉男爵の仲介があったとされています。川田は7年間の英国留学後、北海道で造船と農業の近代化に尽くしたことで知られて

ひなの世話をするエミューのオス

います。欧米から様々なジャガイモを取り寄せ、定着したジャガイモが、「男爵様のイモ」として農民の間で「男爵芋」とよばれ普及したのです。英国通であった川田は、オーストラリアにも何らかの人脈があり、はじめての英語圏との動物交換を仲介してくれたのです。

ヒクイドリではない本物のダチョウは1902（明治35）年にライオンやホッキョクグマといっしょに上野動物園に輸入され、"だてう"として展示されました。サバンナや乾燥地に生息し、砂漠の主である駱駝の「駝」の字をもらって駝鳥の和名を得たようです。ダチョウは唯一、足指が2本しかない鳥で、大槻玄沢の図は正確に描かれています。ウマは速く走るためにひづめが1本に進化しましたが、ダチョウも飛ぶ代わりに走ることに適応し、指の数を減らし、猛スピードで走ることができるようになったのです。

アフリカではダチョウの肉も卵も食用にされていました。卵の殻からつくられるビーズは人類が最初につくったビーズといわれています。19世紀になると、ダチョウの羽がヨーロッパで踊り子の飾りとして使われるようになりました。宝塚歌劇団やリオのカーニバルでもたくさんのダチョウの羽が使われ、乱獲されたのです。南アフリカではダチョウ農場ができて、肉や羽を生産するようになりました。ダチョウ農場は世界各地に広がり、日本でもコレステロールの低い肉が求められてダチョウ牧場ができ、ダチョウとエミューは新しい家禽として、肉や卵が出回るようになりました。エミューとヒクイドリは、卵を温めてひなの世話をするのはオスの役目で、ダチョウのオスも抱卵や育雛を一生懸命するのです。

●著者略歴

小宮 輝之（こみや・てるゆき）

1947年、東京生まれ。1972年明治大学農学部卒業、多摩動物公園の飼育係になる。トキ、コウノトリ、ツル、ガンなど希少鳥類の域外保全に関わり、多摩動物公園、上野動物園の飼育課長を経て2004年から2011年まで上野動物園園長。日本動物園水族館協会会長、日本博物館協会副会長を歴任。ふくしま海洋科学館理事、山階鳥類研究所評議員。明治大学兼任講師、東京農業大学、宇都宮大学、山梨大学非常勤講師。主な著書に『日本の家畜・家禽』（学習研究社2009年）『物語 上野動物園の歴史』（中央公論新社2010年）『昔々の上野動物園、絵はがき物語』（求龍堂2012年）『くらべてわかる哺乳類』（山と渓谷社2016年）『Zooっとたのしー！ 動物園』（文一総合出版2017年）などがある。

日本人と動物の歴史 ③鳥

2017年11月30日　初版1刷発行

著者　　小宮輝之
発行者　荒井秀夫
発行所　株式会社ゆまに書房
　　　　東京都千代田区内神田2-7-6
　　　　郵便番号　101-0047
　　　　電話　03-5296-0491（代表）

印刷・製本　　株式会社シナノ
本文デザイン　川本 要
©Teruyuki Komiya 2017　Printed in Japan
ISBN978-4-8433-5224-3 C0639

落丁・乱丁本はお取替えします。
定価はカバーに表示してあります。